A. M. D. G.

AU PAYS DU SAUVEUR

Impressions de voyage d'un Pèlerin

EN EGYPTE ET EN PALESTINE

PAR

L'Abbé T. de MARTRIN-DONOS

PROFESSEUR A L'INSTITUTION St-JOSEPH DE FONTENAY-LE-COMTE

*Si je t'oublie, Jérusalem, que ma main
droite demeure desséchée.*

(Ps 136.)

FONTENAY-LE-COMTE

IMPRIMERIE L.-P. GOURAUD

1893

AU PAYS DU SAUVEUR

AU PAYS DU SAUVEUR

Impressions de voyage d'un Pèlerin

EN EGYPTE ET EN PALESTINE

PAR

L'Abbé J. de MARTRIN-DONOS

PROFESSEUR A L'INSTITUTION St-JOSEPH DE FONTENAY-LE-COMTE

Si je t'oublie, Jérusalem, que ma main droite demeure desséchée.

(Ps. 136.)

FONTENAY-LE-COMTE

IMPRIMERIE L.-P. GOURAUD

1893

ÉVÊCHÉ
de
LUÇON

Luçon, le 16 Décembre 1892.

CHER MONSIEUR DE MARTRIN,

Je suis heureux d'autoriser l'impression des pages intéressantes où vous racontez votre pèlerinage en Terre-Sainte.

Votre livre édifie par les sujets qu'il traite en même
temps qu'il pique la curiosité par l'attrait des voyages. Il
remplacera avec avantage beaucoup de *livres de prix* où
la foi et la piété des enfants n'ont rien à gagner : les meilleurs ne sont-ils pas ceux qui élèvent les esprits et les
cœurs vers la personne adorable de Notre-Seigneur ?

Puisse-t-il aussi, au moment où le Congrès eucharistique
va donner au pèlerinage de Terre-Sainte un exceptionnel
éclat, provoquer grand nombre de chrétiens à cette nouvelle croisade de prière et de pénitence.

Veuillez, mon cher Abbé, agréer avec mes vœux pour le
succès de votre travail, l'assurance de mes sentiments très
affectueux et tout dévoués en N.-S.

† CLOV.-J^h, Ev. de Luçon.

Mgr HENRI-CHARLES DENÉCHAUD

Evêque de Tulle et Pèlerin de Jérusalem

AU PAYS DU SAUVEUR

Impressions de voyage d'un Pèlerin en Egypte
et en Palestine.

CHAPITRE PREMIER

LA TRAVERSÉE

Les pèlerinages de pénitence. — Notre but en écrivant ces quelques pages. — A Notre-Dame de la Garde. — Le « Poitou ». — Bénédiction du navire. — Le départ. — Emotion. — Mes compagnons de voyage. — Le mal de mer. — Un sonnet. — Adieu France. — La Corse. — L'île d'Elbe. — Caprara. — Le Stromboli. — Charybde et Scylla. — Le détroit de Messine. — Règlement des pèlerins. — La sainte Messe en mer. — Le théâtre à bord. — La Crète. — Un petit oiseau protégé de l'Eucharistie.

Depuis onze ans, chaque année, quelques jours après Pâques, partent de Marseille des pèlerins venus de toutes les parties de la France. Ils se nomment les croisés de la pénitence ; ils vont à Jérusalem vénérer le tombeau du Sauveur et visiter tous les endroits saints de la Palestine. Les RR. PP. Augustins de l'Assomption ont entrepris cette tâche difficile de réunir chaque année un nombre suffisant de pèlerins pour que ce voyage soit véritablement une manifestation catholique et française.

J'ai eu l'année dernière le bonheur de faire ce grand et saint pèlerinage ; comme prêtre, comme chrétien, comme Français, j'ai éprouvé en Orient les plus fortes émotions et les plus douces joies de ma vie. Puissé-je, en racontant bien simplement ce pieux voyage, exciter davantage dans les cœurs le sentiment du patriotisme et de l'amour pour la France ; puissé-je faire aimer davantage notre divin Sauveur ; puissé-je mettre dans les âmes un vif désir de visiter les lieux saints : ce sont les vœux que je forme en commençant ces récits.

Transportons-nous par la pensée sur le sommet de la montagne de la Garde qui domine la grande ville de Marseille : après avoir admiré le splendide panorama de la vieille cité phocéenne, de la mer bleue et de ses charmantes îles, pénétrons dans la basilique romane où se vénère la statue miraculeuse de la Madone. Nous sommes au vendredi 10 avril 1891 ; un spectacle touchant vient s'offrir à nos yeux : c'est la première cérémonie du pèlerinage de pénitence; elle se fait sous les regards de la Reine du ciel, dans un de ses sanctuaires vénérés. Les pèlerins ont tous sur la poitrine une croix rouge, qui sera, durant tout le voyage un signe de ralliement; ils assistent à la sainte messe. Après la célébration du divin sacrifice, le R. P. Bailly, directeur du pèlerinage, s'avance devant la sainte table ; il nous rappelle que notre voyage est avant tout un pèlerinage de pénitence : il nous prédit que Dieu prendra certains d'entre nous comme victimes pour le salut de l'Église et de la France, et il nous demande de faire tous le sacrifice de notre vie pour le triomphe de la religion et le relèvement de la patrie.

La cérémonie terminée, nous descendons la colline de la Garde pour aller prendre nos places sur le *Poitou,* navire de la Compagnie des Transports maritimes, qui doit nous faire traverser la Méditerranée.

Une foule compacte se presse sur le quai d'embarquement pour assister au départ des pèlerins. A 11 heures du matin, S. G. Mgr Robert, évêque de Marseille, vient bénir et exorciser notre vaisseau : il monte sur la dunette qui a été transformée en chapelle; il est assisté de Mgr l'évêque de Tulle et de Mgr l'évêque de Luxembourg, deux prélats pèlerins qui seront nos guides pendant ce long voyage.

A midi, Monseigneur de Marseille descend à terre, la sirène fait entendre son lugubre et puissant gémissement, et le *Poitou* s'ébranle aux cris mille fois répétés de : Vive la France! Vive Jérusalem! Vivent les pèlerins!

J'ai plusieurs fois abandonné la France pour quelque temps, et toujours j'ai éprouvé une impression pénible en m'éloignant de la frontière, mais jamais je n'avais entrepris une traversée si longue, un voyage si lointain et si périlleux, et j'avoue qu'en saluant une dernière fois les membres de ma famille qui m'avaient accompagné jusqu'au paquebot, je ne pus maîtriser mon émotion.

Mais je devais retrouver une famille à bord ; j'avais eu le bonheur de rencontrer sur le *Poitou* deux compatriotes du diocèse de Luçon, M. l'abbé Boutin, curé de Saint-Étienne-du-Bois, et le R. P. Baud, des religieux de Chavagnes ; ils furent pour moi pendant tout le pèlerinage, non seulement d'agréables compagnons de voyage, mais de vrais amis, de précieux conseillers ; inséparables partout, nous avons joui et nous avons souffert ensemble ; nous avons partagé les mêmes joies et les mêmes fatigues, nous nous sommes fait part de nos impressions saintes et nous avons éprouvé les mêmes émotions. Souvent, pendant nos longues chevauchées dans le désert, durant nos nuits fiévreuses sous la tente, lorsque nous méditions sur les ruines des villes disparues, nous évoquions le souvenir de la patrie absente, nous parlions de la France et de notre chère Vendée, et, prosternés tous les trois dans les sanctuaires bénis de Nazareth ou de Jérusalem, nous avons souvent prié ensemble pour le relèvement de l'une et de l'autre...

Notre navire s'éloignait lentement du quai, les pèlerins avaient entonné l'hymne à la patronne des navigateurs : *Ave maris stella,* et, sur la dunette, un prêtre montait à l'autel pour célébrer la sainte

Messe, afin que nous puissions, dès le commencement de la traversée, posséder la sainte Eucharistie
avec nous.

En sortant du bassin des Anglais, on aperçoit la
chapelle de Notre-Dame de la Garde, et le canon du
Poitou tonne à plusieurs reprises ; nous acclamons
de nouveau Jérusalem et la France. Nous entrons
en pleine mer et le capitaine fait sonner le déjeuner.

Cependant le *mistral* souffle avec fureur et
lorsque le paquebot tourne sur lui-même pour
prendre la direction de l'Orient, il se produit un
mouvement simultané de roulis et de tangage, qui
trouble la plupart des estomacs et fait sortir inopi-
nément des réfectoires la majorité des pèlerins.
Pendant une heure ou deux, il se passe une de ces
scènes tragico-comiques et comico-dramatiques
qu'il faut avoir vues pour comprendre et que la
délicatesse française ne permet pas de décrire.

Un des poètes pèlerins dont je me permettrai de
citer parfois les vers, a fait, à cette occasion, un
sonnet que voici :

UNE PETITE ÉPREUVE

Il est un vilain mal que sur terre on ignore
Mais cependant, bénin ; il ne fait pas mourir,
Les yeux noyés de pleurs, suppliant, je t'implore,
Eloigne-toi de moi... C'est vraiment trop souffrir !...

J'avais fait un repas réconfortant mon être :
Un noir moka, bien chaud, couronna ce repas ;
Et puis... la mer s'agite, et je vois apparaître,
Moqueur et menaçant, le spectre du trépas...

Adieu, tendre gigot, orange et jus de vigne !
Ne vais-je point chanter le triste chant du cygne ?
Mon œil s'est obscurci... J'enrage, c'est certain.

Et mon ange me dit : « Ami, fais pénitence :
» La guérison viendra : courage et confiance ! »
.... Il n'y paraissait plus au lendemain matin.

La journée du vendredi s'achève, nous longeons toute la soirée la côte de France et nous dépassons Toulon, La Seyne, Hyères, Cannes, etc... Je ne jouis guère de ce magnifique panorama ; je lutte toujours contre l'affreux mal de mer. Beaucoup sont malades, mais les vaillants s'en vont à l'avant, et, au milieu de mes souffrances, je les entends chanter sur un air bien connu ces adieux à la patrie arrangés pour la circonstance :

> Adieu, rives de France,
> Voguons en chantant,
> Voguons doucement
>   Pour nous
> Les vents seront doux.

Tant mieux ! me disais-je, en entendant ces derniers mots, mais pour le moment ils ne le sont guère. Et le chant continuait :

> Croisés de pénitence
> Le Ciel vous bénit
> La Vierge sourit
> L'astre des mers vous conduit.
> O France chérie,
> Ma belle patrie,
> Dans les jours heureux,
> Toi la fleur des preux,

France, vers l'aurore
Va pleurer encore.
Noble mission !
Va revoir Sion !...

Le lendemain, samedi 11 avril, je suis encore malade ; c'est le jour anniversaire de ma première communion, je n'ai pas la consolation de célébrer la sainte Messe. Je passe une partie de la journée dans ma cabine, étendu sur ma couchette : et quelle cabine et quelle couchette ! Qu'on s'imagine un étroit corridor de catacombes, à droite et à gauche des *loculi* (espèces de cercueils), une petite paillasse piquée, un oreiller, une couverture et deux draps microscopiques. Voilà les couchettes du *Poitou !* j'avais la chance d'occuper celle de l'étage supérieur ; de cette façon, pour arriver à me coucher, j'étais obligé d'exécuter chaque fois un exercice gymnastique que le mal de mer rendait à certains jours excessivement pénible.

Mes aimables compatriotes, qui ont l'estomac marin, se multiplient autour de moi et m'entourent des soins les plus désintéressés. Dans l'après-midi, ils me font monter sur le pont pour admirer les côtes de la Corse. Nous passons si près de la terre que nous pouvons distinguer les habitants qui se promènent dans les chemins et les bergers qui font paître leurs brebis sur les flancs des coteaux.

J'avais entendu dire que la Corse était un pays pittoresque, mais jamais je ne l'aurais cru si beau ;

il doit y avoir, en effet, sur le sommet de ses montagnes neigeuses et dans le fond de ses vallées boisées, des sites ravissants, des paysages délicieux. Nous passons à côté de Bastia : cette ville, la plus importante de la Corse, est assise pittoresquement au pied d'une montagne élevée ; ses maisons blanches paraissent propres et bien bâties.

Du côté de l'Italie, on aperçoit l'île d'Elbe ; en rapprochant par la pensée ces deux îles, je ne pouvais m'empêcher de songer à Napoléon le Grand ; nous voguions entre la terre où il vit le jour et l'îlot qui devint le lieu de son exil ; il me semblait apercevoir aussi dans le lointain des mers le rocher de Sainte-Hélène qui fut son tombeau. Dans la soirée, on s'éloigne de la Corse, on perd de vue la terre.

Le lendemain dimanche, le mistral redouble de fureur. La plupart des pèlerins demeurent sur leurs couchettes ; ils sont malades. On devait célébrer, dans la chapelle improvisée, un office pontifical, mais la grosse mer empêche les prêtres d'offrir le Saint-Sacrifice et le Père directeur seul a le courage de monter à l'autel. Dans l'après-midi, cependant, le vent se calme. On aperçoit quelques îles ; à droite, Caprara avec la maison blanche de Garibaldi. Là, s'est éteint cet homme indigne qui trahit la France et le Pape, je détournais les yeux avec mépris, car peu d'hommes me sont aussi antipathiques que ce général italien.

Nous voilà bientôt auprès du Stromboli ; le cratère

du volcan se trouve dans la petite île du même nom, il vomit sans relâche des tourbillons de fumée mêlés d'éclairs ; sa hauteur est de 700 mètres. Les bords de l'îlot sont très escarpés, sauf au nord-est, où quelques paysans, dans une petite plaine, cultivent la vigne et se livrent au commerce de la pierre ponce et du soufre.

La mer se calme, nous allons rentrer dans le détroit de Messine. La nuit arrive, on aperçoit les fumées de l'Etna. Le *Poitou* passe entre Charybde et Scylla. Je me souviens de la description de Virgile :

Dextrum Scylla latus lœvum implacata Charybdis
Obsidet.....

Aujourd'hui tout est changé ; c'est à peine si on aperçoit en regardant attentivement un léger remous des vagues, qui laisse supposer l'endroit où se trouvaient ces gouffres fameux. Nous passons entre les deux écueils aussi tranquilles que sur un lac. Les anciens, me disais-je, avaient l'imagination vive et croyaient facilement au péril ; il est vrai de dire que leurs barques légères et gracieuses savaient mal se défendre des courants. Notre *Poitou*, vaisseau moderne, passait grave et superbe, jetant des bouffées de fumée et de feu aux vieux monstres mythologiques qui n'ont plus de souffle.

Nous sommes dans le détroit, il fait nuit, mais la lune éclaire de sa pâle lumière le superbe panorama qui se déroule autour de nous. A notre droite Messine éclairée au gaz et à l'électricité, avec son magnifique port tout garni de vaisseaux ; au-dessus, les monts de la Sicile et l'Etna fumant toujours. A gauche, Reggio, bâtie au pied des montagnes de la Calabre. Dans le détroit, nous chantons l'*Ave maris stella* et le *Magnificat*. A 10 heures du soir nous contournons la pointe de la Calabre, nous sommes dans le golfe de Tarente et nous voguons vers la mer Ionienne et vers Alexandrie.

Le lundi 13 avril. — La mer est toujours calme, le ciel est pur ; tout annonce une superbe journée. Pour la première fois, j'ai le bonheur de célébrer la sainte Messe à bord. Quelle émotion profonde j'ai éprouvée sur cette immensité, entre le ciel infini et la mer sans limites, quand le Créateur daigna répondre à mon humble voix et quand j'élevai tremblant dans mes mains sacerdotales le Dieu tout puissant qui d'un mot a créé ces immensités de la mer et du ciel.

Quel spectacle offrait, chaque matin, la dunette du *Poitou*, quand vingt et un ou vingt-deux prêtres célébraient en même temps les divins mystères ; quand deux ou trois cents pèlerins prosternés autour des autels venaient recevoir le pain des anges. Quelle émotion on ressentait lorsque, dans cette chapelle flottante, quatre cents personnes priaient en commun pour l'Eglise, le Pape et la France.

Pour la première fois, je pouvais un peu jouir du pèlerinage ; jusque là, j'avais été trop malade pour prendre part aux exercices communs. Voici quel était à peu près le règlement des pèlerins à bord.

LE NAVIRE DES PÈLERINS

A partir de 4 heures, les prêtres célébraient le Saint-Sacrifice. A 7 heures 1/2, messe du pèlerinage, dite par Mgr Dénéchaud. A l'élévation, le canon annonçait chaque jour la venue de Notre-Seigneur Jésus-Christ. A 9 heures, chapelet médité à la chapelle. A 10 heures, déjeuner. A midi, conférence sur l'Égypte ou sur la Palestine. A 1 heure 1/2, second chapelet. A 3 heures 1/2, chemin de la croix. A 5 heures, dîner. A 6 heures, séance récréative (guignol, chansonnettes comiques, prestidigitation, chœurs, etc.). A 8 heures, troisième chapelet, prière du soir, salut du Saint-Sacrement (coup de canon au moment de la bénédiction).

Les réunions du soir avant la bénédiction étaient empreintes de la plus franche gaieté. Chaque jour on affichait le programme de la soirée dans différents endroits du navire, et après le dîner tous les pèlerins et les membres de l'équipage qui se trouvaient libres s'assemblaient autour de la grande écoutille de la passerelle, qui servait de théâtre. Alors, pendant une heure ou deux, on entendait des chants délicieux, des monologues désopilants et les chansonnettes les plus comiques. On organisa même, certains soirs, un théâtre de marionnettes qui obtint le plus grand succès.

Le 14 avril, toujours par un temps splendide, nous longeons l'île de Candie ; elle me paraît montagneuse et stérile ; nous n'apercevons que de petits villages perchés sur le sommet des coteaux. Nous sommes en avance et nous flânons sur les eaux. Nous côtoyons la petite île Canda, où saint Paul fit naufrage, comme il est raconté dans les Actes des Apôtres.

Ce jour-là, pendant une des cérémonies qui avaient lieu à la chapelle, un petit oiseau poursuivi par un aigle se réfugia sur notre navire et alla se blottir tout auprès du tabernacle : le roi des airs, semblant respecter la présence réelle du Créateur et effrayé sans doute par les chants des pèlerins, abandonna le pauvre passereau qui resta désormais sur le bateau jusqu'à la fin du voyage. M. V. Tréca, notre poète, a raconté ce touchant incident dans le gracieux sonnet qui suit :

PETIT OISEAU

Ce matin sur l'autel un oiseau s'est posé,
Un tout petit oiseau, voltigeant dans l'espace ;
De se poser à bord, combien il fut osé !
Son vol était si lourd et son aile si lasse !

Égaré sur la mer, l'aigle le menaça,
L'aigle aux serres d'acier, au bec plein de menace,
L'aigle, de vague en vague, ardent le pourchassa ;
L'oiseau, rempli d'horreur, fuyant, demandait grâce.

En ce moment, Jésus descendait sur la terre,
Jésus, consolateur de l'humaine misère,
Et l'oiseau, confiant, s'abattit sur l'autel.

Et Jésus le sauva, l'abritant sous son aile,
A qui va vers Jésus, Jésus est bien fidèle...
Sur son cœur plein d'amour, repose-toi, mortel...

CHAPITRE II

ALEXANDRIE

*En vue d'Alexandrie. — Un office pontifical. — Les Frères
et les Sœurs à bord. — Enthousiasme. — Première
apparition de l'Orient. — Souvenirs de l'histoire ancienne.
— Pompée. — César. — Cléopâtre. — Les indigènes. —
Une superbe procession. — La liberté religieuse. — A
l'église Sainte-Catherine. — Les compliments d'arrivée.
— Au collège des jésuites. — La colonne de Pompée.
— Un cimetière musulman. — Les souvenirs saints
d'Alexandrie. — Un nègre. — Le Ramadan. —
Alexandrie chrétienne. — Les Filles de Saint-Vincent de
Paul. — La grand'messe à Sainte-Catherine. — Les
catacombes. — Séance dramatique. — Les congrégations
religieuses. — Un jeune égyptien. — Un poème sur
Alexandrie. — La religion et la colonisation.*

Le 16, au réveil, nous apercevons la terre ; nous
sommes en vue d'Alexandrie. — A 9 heures,
Mgr l'évêque de Tulle célèbre pontificalement la
sainte messe sur la dunette du *Poitou* ; l'état-major
du bateau, en grande tenue, assiste au saint sacrifice, pendant lequel un chœur de pèlerins chante la
messe de Gounod. Rarement, croyons-nous, l'Océan
et la rade d'Alexandrie avaient vu spectacle comparable à celui de cette messe pontificale célébrée
par un évêque pèlerin assisté de cent soixante-dix-
sept prêtres et entouré de deux cents autres Français
priant autour de l'autel pour la conversion et le
relèvement de leur patrie. — Puisse le saint pèlerin

Benoît Labre, en l'honneur duquel le saint sacrifice
était offert, entendre favorablement notre prière.

La messe finie, le navire s'approche d'Alexandrie:
on ne nous attendait pas sitôt, mais le *Poitou*
se pavoise, il arbore le drapeau français, place au
sommet de ses mâts l'étendard de Jérusalem, et
bientôt notre présence dans la rade est signalée.
Les délégations des différentes communautés françaises d'Alexandrie viennent à notre rencontre ;
nous apercevons dans une petite barque le supérieur des Frères des Ecoles chrétiennes, plusieurs
Franciscains et des Sœurs de charité ; ils accostent
le *Poitou*. Nous leur faisons une ovation. On les
acclame ; on crie : Vivent les Frères ! Vivent les
Sœurs ! avec un enthousiasme indescriptible, et
quand on les a hissés par dessus les bastingages, on
les porte presque en triomphe jusqu'au salon du
capitaine, et alors un long cri de : Vive la France !
s'élève depuis le fond de la cale jusque sur le haut
de la passerelle. — Pourquoi cet enthousiasme ?
Ah ! c'est que nous avons tous au cœur l'amour de
Dieu et l'amour de la France, et que les Frères
de la Doctrine chrétienne et les Sœurs de Saint-
Vincent de Paul personnifient la religion chrétienne
et la patrie française.

Il nous fallait attendre jusqu'à midi pour entrer
dans le port. Je vais m'asseoir à l'avant, et je
m'isole autant que possible pour goûter sans trouble
le bonheur que j'éprouve à cette première apparition

de l'Orient. Tant de fois j'ai rêvé à l'Egypte, tant de fois j'ai étudié ou enseigné son histoire, si souvent je l'ai entrevue dans mes rêves : la voilà maintenant en réalité. Avant même de parcourir des yeux Alexandrie, les souvenirs historiques que me rappelle cette côte célèbre se pressent dans ma mémoire. C'est ici qu'un jour, Pompée, le vaincu de Pharsale, arriva fuyant devant César. Un ministre du roi d'Egypte et deux centurions romains à son service s'avancent pour l'accueillir dans leur barque avec des signes de paix. Du haut de sa galère, Cornélie, sa femme, le regarde avec inquiétude. Tout à coup, elle pousse un grand cri ; les deux centurions venaient de poignarder son époux. Ils coupèrent la tête de l'illustre Romain pour l'offrir à César et son cadavre resta abandonné sur la plage. Le lendemain, deux étrangers le brûlèrent sur un misérable bûcher. Un Romain, dit l'histoire, l'aperçut de la haute mer et s'écria : « Quel est donc le mortel qui a trouvé le repos sur cette plage dangereuse ? » C'était Lentulus ; il descendit à terre, et, comme Pompée, il y fut massacré.

C'est sur cette même côte que Jules César faillit périr dans une émeute populaire. L'histoire nous le représente se précipitant à la mer pour sauver sa vie et ses *Commentaires*. D'une main il nageait, dit-on, de l'autre il soulevait hors de l'eau les manuscrits qui devaient légitimer devant la postérité sa réputation de parfait littérateur et de grand capitaine.

C'est aussi, près de cette cité fameuse, que Marc-Antoine arriva après avoir abandonné ses soldats qui luttaient en désespérés ; mentant ainsi à son passé, lui, le vainqueur de Brutus à Philippes, il trompe indignement la vaillance de son armée ; et il vient pour recevoir la mort de cette Cléopatre auprès de laquelle il espérait trouver le bonheur.

Mais nous avançons rapidement, je n'ai pas le temps de songer à Alexandre et à Napoléon ; je considère la ville moderne qui porte le nom du fameux conquérant de l'histoire ancienne ; au premier plan, se dressent les mâts d'innombrables vaisseaux, comme les bois nus d'une forêt en hiver. Derrière eux, la ville, blanche avec des maisons basses ; une ville de commerce et de marchands, sans cachet artistique ; de la mer, elle a l'air d'un grand village. Sur les coteaux de droite je salue les moulins à vent, souvenir de la France et de Bonaparte. Alexandre n'en a pas laissé autant.

Mais nous abordons, c'est le moment de considérer la foule qui nous regarde arriver ; il y a d'abord les Sœurs et les Frères, les membres de la colonie française et quelques curieux européens, puis la population indigène, les Arabes avec leur costume bigarré, leurs longues robes ou leurs larges culottes. En les regardant, je me croyais dans la salle d'un musée égyptien ou devant des cariatides du temps des Pharaons. — Il paraît qu'à l'arrivée des paquebots, ils ont l'habitude de se jeter comme des fous sur les voyageurs pour les aider à porter leurs paquets, mais ils ont reçu l'ordre de nous laisser tranquilles et ils ne bougent pas plus que des statues antiques.

Le navire est enfin amarré ; sur le pont même du *Poitou,* on se forme en procession. Les femmes sont les premières, précédées par le drapeau français orné du Sacré-Cœur ; les Sœurs de Saint-Vincent marchent les premières, leur costume religieux est si respecté à Alexandrie, que sous leur patronage nous pouvons avoir toutes les audaces. A la suite des femmes viennent les pèlerins laïcs précédés de la bannière de Jérusalem ; les prêtres suivent avec l'étendard de Marie ; derrière, les évêques avec MM. les vicaires généraux et les chanoines en habits de chœur. — On entonne le *Magnificat,* puis des cantiques français : *Nous voulons Dieu... Dieu le veut...* l'*Ave Maria,* de Lourdes. M. le curé de Saint-Etienne, remarque avec joie que nous chantons le beau cantique de son frère : *Laudate Mariam.* La procession se déploie pendant plus d'une heure dans les principales rues d'Alexandrie et sur la belle place des Consuls (le quartier du high-life). Nous passons devant le consulat français, qui est pavoisé en notre honneur ; et sur une grande place, nous trouvons les quinze cents petites filles élevées par les Sœurs de Saint-Vincent de Paul ; elles sont rangées deux

à deux pour nous voir passer et pour nous souhaiter
la bienvenue. Dans toutes les rues, les Arabes
forment la haie, ils nous regardent avec curiosité ;
les rares catholiques que nous rencontrons se
mettent à genoux pour recevoir la bénédiction de
NN. SS. les évêques. La police égyptienne elle-
même maintient l'ordre, et les musulmans toujours
respectueux de la prière et des cérémonies religieuses, se tiennent silencieux à notre passage.

Je ne pouvais m'empêcher en voyant cette magnifique démonstration de foi catholique et de liberté
religieuse, de penser au triste état de notre pauvre
France. Dans notre chère patrie, on parle beaucoup
de la liberté, et les 36 millions de catholiques qui
l'habitent ne sont pas libres d'afficher leur foi ; dans
la moindre petite ville qui possède un conseil municipal radical, le curé de la paroisse n'a pas le droit
de faire la moindre petite procession. Eu Egypte,
dans une ville de 200,000 âmes, au centre d'un pays
musulman et schismatique, quelques centaines de
catholiques possèdent toutes les libertés... quel
constraste ; quelle humiliation pour notre pauvre
France d'être au pouvoir des francs-maçons qui
veulent la déchristianiser et l'avilir.

Nous approchons de la cathédrale catholique
de Sainte-Catherine ; tout à coup une fanfare
fait retentir l'air de ses sons harmonieux ; ce
sont les élèves des Frères qui nous accueillent
avec leur musique ; nous entrons dans la cathédrale

ornée et pavoisée en notre honneur ; un père franciscain monte en chaire et nous souhaite la bienvenue en français ; on entonne un *Te Deum* solennel et Mgr Koppès, évêque de Luxembourg, donne la bénédiction du très saint Sacrement. Après cette cérémonie, nous nous rendons au collège de Sainte-Catherine. Attenant à la cathédrale, l'institut des Frères de la Doctrine chrétienne d'Alexandrie, compte à l'heure actuelle huit cents élèves ; à notre entrée dans la grande cour installée en salle de théâtre, les enfants acclament la France, les évêques et les pèlerins, puis le supérieur de la communauté s'avance et dans un compliment délicat, il souhaite la bienvenue aux évêques et aux représentants de la France chrétienne. Les enfants accompagnés par la fanfare, chantent avec entrain une cantate composée pour la circonstance. En voici le refrain :

> Salut, pèlerins de la France !
> Salut, vaillants fils de la Croix !
> Salut, croisés de pénitence !
> Salut, amis du roi des rois.

Mgr de Tulle répond avec tout son cœur ; Mgr de Luxembourg y ajoute quelques mots et on se sépare pour visiter la ville. — Je pars avec le Père Baud et M. l'abbé Boutin ; nous allons d'abord au collège des jésuites ; le Père préfet nous reçoit aimablement, il nous conduit au réfectoire où nous rencontrons un officier supérieur de la marine française, le commandant du *Seignelay*, cuirassé détaché de notre flotte et arrivé le matin même à Alexandrie. Nous sommes heureux de retrouver des cœurs français si loin de la patrie. Un jeune religieux, le Père Lebon, à qui j'apporte des nouvelles de son frère, nous fait monter sur les terrasses de l'établissement ; on y jouit d'une vue idéale, sur toute la ville d'Alexandrie, sur sa rade grandiose et sur le lac Mœreotis, petite mer intérieure fournie par les eaux du Nil.

Nous prenons ensuite une voiture pour visiter les curiosités de la ville. Un Père jésuite se fait aimablement notre cicérone. Nous lui en sommes reconnaissants. — Nous montons en voiture découverte et nous allons directement à la colonne de Pompée. C'est tout ce qui reste de l'antique cité d'autrefois. — J'ai lu quelque part qu'Alexandre voulut tracer sur le sol le plan de la cité future ; faute de craie on se servit de farine, or, les oiseaux du ciel vinrent en foule et le lendemain il ne resta aucun vestige du plan tracé la veille. Le grand conquérant y vit un mauvais présage et en fut attristé ; et voilà que l'avenir, après des siècles, réalise ses appréhensions. A plusieurs reprises, les conquérants sont venus, et ils ont tout pris et saccagé. De la vieille Alexandrie, de ses palais, de ses temples, de ses merveilles, il ne reste rien, que cette colonne de Pompée devant laquelle nous nous trouvons. Elle occupe au sud-est de la ville, près

COLONNE DE POMPÉE A ALEXANDRIE

du cimetière musulman, un point assez élevé pour la mettre en évidence. On dit qu'elle sert de guide aux caravanes et aux navires. L'énorme fût de granit rouge, parfaitement poli et d'un excellent style, repose sur un piédestal épouvantable. Il est couronné par un chapiteau qui ne vaut guère mieux.

A côté de ce monument de Pompée, se trouve le cimetière musulman où quelques femmes pleurent et prient sur la tombe de leurs défunts. — Dans la religion de Mahomet, ce sont les femmes qui *doivent pleurer* les morts ; à certains jours elles sont obligées de venir au cimetière prier sur les tombes. Elles sont assises sur leurs talons, tournées vers la Mecque, et elles poussent vers le ciel des cris qui n'ont rien d'humain.

Nous avions fini d'admirer la fameuse colonne qui ne nous paraît guère admirable. Nous voulons remonter en voiture, mais nous sommes entourés par une foule d'Arabes ; ils nous parlent un langage auquel nous ne comprenons rien ; quelques-uns nous offrent des pierres qu'ils disent précieuses ; ils veulent nous les faire accepter, ils nous les déposent dans les mains, et essayent même de les placer dans nos poches. Le Père jésuite arrive, il brandit sa canne et les Arabes s'écartent, c'est, paraît-il, le seul moyen de se faire respecter en Orient. A peine sommes-nous installés à nos places que les Arabes entourent de nouveau notre voiture ; le cocher reçoit l'ordre de partir et pour se débarasser de la grappe humaine qui entoure son véhicule, il frappe ces malheureux à grands coups de fouet ; je m'attendais à des cris et à des protestations énergiques, mais les Arabes s'écartent sans mot dire ; quelques-uns seulement courent après la voiture, tendant la main et criant d'un air lamentable. « *Baghchich, baghchich* ». C'était la première fois que j'entendais prononcer ce mot ; il signifie en arabe, don, cadeau, présent, c'est le *pourboire* français, la *mancia* italienne. C'est un mot magique, devant lequel en Orient, la police, la loi, la vertu, doivent capituler. Depuis le douanier jusqu'au pacha, depuis le moukre jusqu'au sultan, nul ne marche qu'en vue du pourboire ou du baghchich.

La petite comédie que je viens de raconter se renouvelle chaque fois que notre voiture s'arrête, à l'arrivée et au départ. Nous visitons ainsi les souvenirs pieux de la ville. L'église grecque, bâtie à l'emplacement de la décollation de sainte Catherine. Déjà au xv⁰ siècle, les pèlerins venus en Égypte ont vénéré, comme on le fait encore aujourd'hui, la pierre qui servit au supplice de la vaillante vierge.

La mosquée que les musulmans ont installée sur le lieu du martyr de saint Athanase : Nous y voyons quelques Arabes à genoux et priant.

Enfin l'église cophte qui croit posséder le tombeau de saint Athanase ; nous trouvons à la porte de ce monument schismatique un jeune homme qui s'offre à nous comme *cicerone*; il est cophte lui-même et nous fait admirer les beautés de son église ; ancien élève des frères, il parle admirablement le français ; chose étrange, il refuse un baghchich ; nous avons appris depuis que, récemment converti, il avait abjuré le schisme en secret.

Nous ramenons le R. P. Jésuite à son magnifique collège en le remerciant vivement de ses amabilités. Chemin faisant, il nous donne des renseignements sur l'établissement où il est professeur. Les Pères de la Compagnie de Jésus sont établis en Egypte depuis deux ans seulement. A Alexandrie, ils ont 250 élèves, au Caire, 300 ; ils font leurs cours d'après les programmes de l'enseignement de France et ils préparent les jeunes gens aux divers baccalauréats français et aux écoles du gouvernement. Chaque année, le ministre de l'instruction publique établit à Alexandrie un jury, présidé par le consul de France, et les jeunes candidats d'Egypte, conquiè- rent leurs grades devant ces examinateurs. Le collège des Jésuites a des élèves de toutes les nationalités et de toutes les religions ; les classes se font dans la langue française ; tous les élèves sont obligés de suivre les exercices de piété.

Mes compagnons reviennent au *Poitou :* me souciant fort peu de passer une nuit de plus sur mon étroite couchette du bord, je me mets à la recherche d'un hôtel. Me voilà installé dans une chambre fort convenable avec un lit entouré d'un moustiquaire. Un nègre, d'une taille gigantesque, m'apporte mon bagage, il est revêtu du costume arabe, il me salue respectueusement ; je lui parle français ; un salut plus respectueux encore me fait comprendre que ce langage lui est tout à fait inconnu ; je lui adresse la parole en italien, sa figure s'épanouit et il me répond dans la langue du Dante ; nous entrons en conversation : il est originaire d'Ethiopie et il a appris l'italien à Malte où il est resté quelque temps.

Pendant que nous causons, un coup de canon se fait entendre ; le visage de mon nègre s'éclaire d'un sourire joyeux, je veux lui demander des explications, mais il se contente de crier avec joie : *Ramadan, Ramadan ;* il me baise la main avec précipitation et sort rapidement de la chambre. Qu'est-ce donc que le Ramadan ? Le Ramadan est le mois pendant lequel les sectateurs de Mahomet doivent jeûner ; il coïncide avec avril et mai ; depuis le point du jour, jusqu'au coucher du soleil, le fidèle croyant ne doit rien prendre, il n'a même pas la permission de fumer. Ce jeûne est strictement observé pendant le jour, mais quand la nuit arrive, au signal donné par le canon, on peut satisfaire son appétit. Ceci explique la joie de mon nègre dont l'estomac était vide depuis le matin.

Je rencontrai dans l'hôtel plusieurs pèlerins, qui venaient goûter comme moi les charmes d'une nuit de repos passée dans un bon lit. A table d'hôte, les étrangers étaient nombreux, les Anglais dominaient comme partout. Il y avait aussi deux voyageurs danois et plusieurs dames allemandes.

Rentré dans ma chambre le soir, je songe un peu au passé chrétien d'Alexandrie. Cette ville célèbre n'a pas été féconde dans l'antiquité en grands caractères, en mâles courages. Seuls, les chrétiens, dans leurs luttes pour la vérité ont montré quelque énergie. Et encore, à côté des grands docteurs, que d'indignes défections ! Quelles déplorables histoires que celles des querelles religieuses où l'on trouve Arius et tant d'autres mauvais prêtres à côté de saint Athanase et de saint Cyrille ! — Mais je veux oublier les traitres et les apostats pour saluer les vrais fils de l'Eglise, et le souvenir des illustres martyrs d'Alexandrie me revient à l'esprit. Saint Marc l'Evangéliste, saint Cyrille, saint Athanase, saint Clément qui avouait avoir voulu apprendre toutes choses, et Origène, le fils du martyr Léonide, qui, à dix-sept ans, était déjà surnommé Adamantius (diamant). Voilà les principales illustrations de cette ville fameuse.

Samedi, 17 avril, je vais célébrer le Saint-Sacrifice dans la chapelle d'un des établissements des Filles de la Charité. Ces saintes religieuses ont quatre maisons à Alexandrie ; j'ai eu le bonheur de les visiter ; elles sont admirablement tenues, et font honneur à la France.

Dans le peuple alexandrin, même chez les

musulmans et chez les schismatiques, on vénère les vaillantes Filles de Saint-Vincent de Paul. On les appelle les Sept, parce qu'elles sont venues sept il y a quarante-neuf ans ; et elles sont toujours les Sept quoiqu'elles soient aujourd'hui plus de 70. — La fondatrice habite encore la cité de Saint-Marc et d'Origène ; elle n'a pas revu la France depuis un demi-siècle ; elle a une influence considérable dans la ville. — Voilà nos religieuses françaises, me disais-je ; notre gouvernement athée et sectaire les chasse des écoles et des hôpitaux, mais il faut toujours que ces saintes filles exercent leur dévouement ; elles abandonnent la France pour aller porter à l'étranger le trésor de leur charité et de leur vertu ; et dans ces pays lointains, elles enseignent la religion et font bénir et aimer le nom glorieux de la patrie française.

Dans la matinée, Mgr Denéchau célèbre pontificalement la sainte messe à la cathédrale catholique. Pendant la cérémonie, l'orchestre du collège de Sainte-Catherine et un chœur d'enfants des Frères exécutent admirablement des morceaux préparés pour la circonstance.

Les pèlerins se rendent en voiture visiter les catacombes : je préfère me reposer. Je retrouve mes compagnons à midi dans le réfectoire des Frères de Sainte-Catherine. Les catacombes n'offrent rien d'intéressant, me disent-ils, quelques peintures et des inscriptions sans importance. En revanche, ils sont ravis d'avoir visité les jardins d'Antoniadés ; on y voit, paraît-il, une végétation orientale splendide.

Après le dîner, nous passons dans une salle de théâtre décorée avec goût, pour assister à une séance dramatique et musicale donnée en l'honneur des pèlerins. Elle commence par un compliment dialogué dans toutes les langues parlées à Alexandrie ; nous entendons successivement de l'arabe, du turc, de l'italien, de l'espagnol, de l'anglais, de l'allemand, du grec moderne et du maltais. Si les compliments ne sont pas toujours compris, ils sont devinés ; voici une pièce de circonstance qui nous transporte au temps des croisés ; c'est l'histoire d'un chevalier captif à Mansourah. Les enfants des Frères étrangers à la France, sauf un seul, prononcent notre langue dans la perfection, et ils jouent avec tant de naturel, tant d'expression, que les larmes coulent de tous les yeux. J'avoue que pour ma part j'étais littéralement sous le charme : une partie de ma vie se passe à faire exécuter des pièces, et je crois que si avec nos jeunes gens de France on peut faire aussi bien, il est impossible de faire mieux.

A la fin de la séance, Mgr de Tulle charge le R. P. Bailly, directeur du pèlerinage, de dire aux chers Frères et à leurs élèves les sentiments des pèlerins. Il le fait avec émotion et reconnaissance.

On se rend ensuite chez les PP. Jésuites. Leurs élèves ont préparé un salut solennel que préside Mgr de Luxembourg.

Le R. P. Cattin, recteur, monte en chaire, et en nous souhaitant avec éloquence la bienvenue, il nous dit tout le bien que le pèlerinage fait à l'influence française en Egypte. Il affirme, et nous le constatons par nous-mêmes, que la France est surtout connue dans le pays des Pharaons par les congrégations religieuses. Fidèles au souvenir de la patrie, en étendant le règne de Jésus-Christ, lui et ses vaillants collaborateurs continueront à faire connaître et aimer leur pays.

Dans la soirée, nous nous promenons en ville, accompagnés par un élève des Frères. Ce jeune homme parle couramment l'arabe, l'anglais, l'italien et le français ; il nous conduit dans les principaux quartiers d'Alexandrie. Notre aimable guide nous donne des renseignements sur l'école Sainte-Catherine où il étudie depuis huit ans. La grande majorité des élèves parle au moins trois langues (italien, français, arabe). Beaucoup savent aussi le grec, le maltais et l'anglais ; certains autres connaissent l'allemand, le turc et l'espagnol ; enfin il n'est pas rare de trouver à Alexandrie un jeune élève des Frères qui, à treize ans, s'exprime dans sept ou huit dialectes différents. Quelle leçon pour nous Français, qui apprenons si difficilement les langues vivantes.

Notre intéressant *cicerone* nous manifeste ensuite son désir de nous suivre à Jérusalem et en France. Hélas ! il nous est difficile de réaliser son espoir.

Il nous ramène à Sainte-Catherine et nous dit non pas adieu mais au revoir; il sera à la gare demain pour nous saluer au départ.

A 7 heures du soir, réunis de nouveau á la table hospitalière des Frères, nous avons une nouvelle surprise au dessert. D'abord un éclairage électrique, improvisé avec des piles, nous illumine; malheureusement les piles sont trop fortes et brûlent quelques lampes à incandescence. Mais voici que plusieurs jeunes gens, revêtus de leurs brillants insignes d'académiciens de Sainte-Catherine, s'avancent et débitent avec un rare talent de déclamation un poème inédit sur les gloires d'Alexandrie païenne, chrétienne et moderne. Nous voudrions reproduire tout ce poème dialogué : c'est une ravissante et poétique histoire de la cité d'Alexandrie. Vers la fin de la pièce, un jeune enfant monte sur la scène; il déclare qu'il est Français : les Egyptiens battent des mains et l'un d'eux s'écrie :

> Soyez donc le bienvenu comme un frère :
> Car à tout cœur bien né la France est toujours chère,
> Son sceptre n'est-il pas toujours la charité?
> Et ses fils n'ont-ils pas partout droit de cité?
> La France, oh! nous aimons ses consuls, ses apôtres :
> Tout enfant de la France est bien vite un des nôtres;
> Dites, chers Rabats blancs qui frôlez nos burnous,
> Sur le sol africain n'êtes-vous pas chez vous?
> Ici, ne peut-on pas redire en assurance :
> « Tout homme a deux pays, le sien et puis la France?... »
> Bon gré, mal gré, toujours elle est pour son honneur
> La mère de l'apôtre et du monde... le cœur..
>
> .   .   .   .

Oui, la France toujours des preux est la patrie ;
Aussi, comme en tout temps l'Eglise l'a chérie ?
Pour toute noble cause, elle a de l'or, du sang,
Et dans tout champ d'honneur a droit au premier rang.
Ah ! si le dévouement, France, France immortelle,
Pouvait s'éteindre un jour, la dernière étincelle
S'en trouverait vivace en ces âmes de feu
Qu'enchaîne au cœur du Christ l'anneau du triple vœu...

Ces vers sont interrompus par des applaudissements frénétiques et par des cris répétés de : Vive
la France !

La pièce se termine avec un aimable salut aux
pèlerins de la pénitence :

Salut, nouveaux croisés, salut, chers pèlerins,
Que la France, à nouveau, guide vers les Lieux Saints !
Caravane de choix, héroïque avant-garde,
L'Egypte vous acclame et le Ciel vous regarde.
Venez, frères bénis, pacifiques soldats.
Accueillez nos bravos, serrez-nous dans vos bras !
Vous qui portez si loin l'or de la pénitence,
Venez faire briller le zèle et l'espérance !
Pontifes, pèlerins, sous vos nobles sueurs
Accourez des vertus semer partout les fleurs ;
Dans votre beau Levant, nouveaux Pierre l'Ermite.
Marquez en sillon d'or votre auguste visite,
De la France avec Dieu renouvelez l'hymen,
Aux cris de : Dieu le veut ! Lieux Saints ! Jérusalem !
Comme aux jours des croisés, que l'Europe s'y lance !
Gloire au Christ ! à nos saints ! à l'Eglise ! à la France !

Une triple salve d'applaudissements souligne ces
derniers vers. On crie : Vivent les Frères ! Vive
Alexandrie ! Vive la France ! Le jeune élève qui
remplissait le principal rôle de ce dialogue a
déclamé merveilleusement bien, avec un accent

d'une pureté parfaite ; il est cependant Egyptien d'origine : son père, me dit-on, est le grand-maître de la police égyptienne ; dans quelques mois, ce jeune déclamateur doit passer son baccalauréat ès sciences. Bon succès !

Les anciens élèves des Frères sont présents à la fête ; l'un d'eux, dans un charmant discours, nous vante les avantages de la langue française propagée par les écoles des Frères et des Sœurs de France, et la soirée s'achève par un délicieux concert.

Mgr Koppès, évêque de Luxembourg, se lève alors ; il parle le français aussi bien que sa langue maternelle ; avec un esprit gaulois et en même temps apostolique, il suscite par ses remercîments de longs applaudissements.

Les pèlerins retournent au *Poitou :* je reprends le chemin de mon hôtel, rêvant aux incidents de la journée, me persuadant de plus en plus que la religion est le premier élément de civilisation et de colonisation, et regrettant avec amertume l'incurie de nos gouvernants qui ont laissé échapper cette riche terre d'Egypte et l'ont livrée à l'Angleterre.

CHAPITRE III

LE CAIRE

Le samedi 18 avril, à 8 heures, presque tous les
pèlerins assistent à la messe d'adieu dite par Mgr de
Luxembourg chez les PP. Lazaristes. Un dernier
repas réunit les hommes chez les Frères et les
femmes chez les Filles de la Charité, et on part
pour la gare. Les élèves de Sainte-Catherine sont
là avec leur fanfare ; les députations du consulat et
de toutes les communautés françaises viennent
nous saluer. Notre jeune homme de la veille est là
pour nous dire adieu ; il a les larmes aux yeux ; il
voudrait nous suivre. Nous l'embrassons, et lui
promettons le secours de nos prières. Mais l'heure
est arrivée. Une dernière fois les enfants des Frères,
accompagnés par leur harmonieuse fanfare, chantent
l'hymne aux pèlerins : « Salut, vaillants fils de la

Mgr JEAN-JOSEPH KOPPÈS

Évêque de Luxembourg et Pèlerin de Jérusalem en 1891

croix... » Le train spécial s'ébranle, de chaleureuses acclamations se font entendre. Nous partons. Adieu, Alexandrie, et au revoir.

Le trajet du Caire à Alexandrie est très long : six heures de chemin de fer. Et quels wagons ! Les voitures de 3ᵉ, surtout, sont de vrais wagons de bestiaux à claire-voie et ruisselants de poussière. Je crois que les Anglais, à qui appartient cette Compagnie, ont trouvé plaisant de sortir tous leurs vieux rossignols pour y empiler, sans s'occuper de la casse, le pèlerinage français. Cependant, ne nous plaignons pas trop : les compartiments de 1ʳᵉ et de 2ᵉ sont commodes, parce qu'on peut se mettre au balcon pour admirer le paysage. On comprend aisément que cette dernière place devient immédiatement la nôtre. Grâce à l'allure de tortue de notre train spécial, nous avons tout le loisir d'examiner le paysage de cette fille aînée de l'histoire, comme on a appelé l'Egypte.

A gauche, nous laissons Ramleh, avec le palais du vice-roi, puis le lac Mœreotis, dont l'importance commerciale fut jadis si grande. Nous admirons sur les bords de l'eau des collections d'oiseaux aquatiques : des hérons nombreux détachés en tirailleurs et des groupes de délicieux flamands roses qui produisent le plus ravissant effet.

Au point de vue du pittoresque, le pays que nous traversons n'a rien de remarquable ; c'est une plaine uniforme et basse plantée de palmiers, de figuiers, de cactus, de caroubiers et de tamarins. De temps en temps un village *fellah* (1), composé de misérables huttes rectangulaires faites en boue grisâtre, entourant les ruines d'un palais antique. Le tout formant un ensemble pauvre, sale et triste.

Damanhour est la première station importante que nous atteignons. C'est une ville de 20,000 habitants. Le R. P. Bailly, que nous avons la chance d'avoir pour voisin, nous rappelle qu'ici Bonaparte ayant failli tomber aux mains des mamelucks, dit ces surprenantes paroles : « Il n'est pas écrit là-haut que je doive être prisonnier des mamelucks ; prisonnier des Anglais, à la bonne heure ! »

Après Damanhour, le sol devient de plus en plus fertile. On sait que dans ces plaines les habitants font deux récoltes chaque année. Le Nil, qui en ce moment est au plus bas, féconde toute cette terre ; mais aussi que de canaux pour l'irrigation. Le *fellah* y puise avec une balançoire qui enlève l'eau chaque fois qu'elle y plonge ou avec le *sakyeh* (2) que les buffles font tourner. Les Anglais ont installé des machines à vapeur qui jettent des torrents d'eau sur les terres. Aussi leur sol profite davantage, et les Egyptiens détestent l'Angleterre. Les *fellahs* curent les canaux pour les Anglais, et ces pauvres Arabes, travaillant sans relâche dans l'eau, gardés

---

(1) Nom donné aux paysans et aux ouvriers en Egypte.
(2) Sorte de machine avec laquelle les fellahs puisent l'eau.

par des soldats, ressemblent au peuple juif sous la tyrannie des Pharaons.

Tout nous intéresse dans ces travaux des champs si différents de ceux de notre pays. Tantôt nous voyons labourer avec deux buffles épouvantables, tantôt avec un buffle et un chameau, assemblage plus hideux encore. De temps en temps notre convoi dépasse, dans les chemins primitifs entre deux canaux, de graves et solennels voyageurs aux riches *couffiehs,* aux vêtements de toutes couleurs, à la barbe majestueuse, montés sur des ânes ornés magnifiquement, tandis que des serviteurs, un bâton à la main, les suivent en trottant. Ces équipages nous font rêver aux temps bibliques : dans ces paysages tranquilles et mélancoliques, les foins que l'on coupe, les canaux où l'on barbote, les briques que l'on cuit au soleil, les maisons que l'on bâtit, tout sent l'antiquité. C'est ici le pays où rien ne change.

Nous passons la bouche du Nil de Rosette pour entrer dans le vrai Delta. On ne voit que de petites plantes alignées géométriquement et arrosées en tous sens ; chaque plante représente un bonnet de coton, car c'est en effet du coton et le meilleur du monde : l'Egypte en exporte un million par jour.

Les stations se suivent ; elles ont des noms étranges : Kafr-el-Zaïat. Tantah, Benhâ... A chaque arrêt, nos wagons sont envahis par tout un petit monde bizarre, grouillant, familier, mendiant, importun ; ce sont des enfants demi-nus, offrant de l'eau fraîche dans des urnes de terre au galbe antique ; des nègres de toutes nuances en robes jaunes, rouges ou bleues, portant sur leurs têtes des paniers pleins d'oranges ou de citrons ; des femmes *fellahs* aux traits réguliers, au visage tranquille et doux. Tous se pressent autour de nous, escaladant les marchepieds, se suspendant aux portières, cherchant à soutirer quelque baghchich.

A Tantah, une députation des Frères vient nous saluer à la gare ; il y a aussi dans cette cité des prêtres des missions africaines. Autrefois, cette ville avait un célèbre marché d'esclaves, mais depuis 1886 l'esclavage est officiellement aboli.

Nous cotoyons le Nil ; ses bords ne sont pas poétiques et gracieux comme ceux de la plupart des grands fleuves. Il roule des eaux jaunes, sales, limoneuses : mais quels souvenirs il nous rappelle : toute l'histoire des Pharaons ; l'épisode de Joseph vendu par ses frères et dominant par sa vertu et par le secours de Dieu ce puissant royaume d'Egypte ; le peuple juif réduit en servitude en punition de ses crimes ; toutes ces grandes phases de l'histoire sacrée revenaient à notre mémoire.

Mais... quelqu'un signale les Pyramides ; on se presse sur les balcons, on ouvre toutes les portières : en effet, elles se montrent au loin vers la droite. Je les regarde sans étonnement, et j'éprouve à leur vue une profonde déception ; j'espère revenir de ma première impression quand je les admirerai de plus près.

Nous approchons du Caire : des jardins soigneusement cultivés, des maisons bien bâties, des villas, des fleurs, nous annoncent l'approche d'une grande ville.

Le train s'arrête : nous sommes au Caire. A la gare, tohu-bohu indescriptible ; une foule d'Arabes se jettent sur nous pour nous enlever nos paquets, Heureusement les Frères et quelques Français sont là pour nous tirer de cet imbroglio.

Nous montons en voiture ; en quelques minutes, à travers des rues assez belles, où grouille une populace sale et déguenillée, nous arrivons devant l'hôtel d'Orient où nous sommes attendus. Avec M. Boutin et le P. Baud, nous occupons deux chambres contiguës très vastes et très confortables : les lits sont entourés de moustiquaires ; la maison nous paraît un hôtel de premier ordre ; mais nous ne nous y arrêtons pas : on nous attend chez les Frères ; en veut fêter immédiatement notre arrivée. Nous allons à pied, conduits par un employé de l'hôtel ; nous suivons à travers l'obscurité commençante une rue droite presque européenne ; nous tournons ensuite à gauche dans une voie boueuse, étroite, noire, bordée de masures et d'échoppes épouvantables ; nous passons sous un passage voûté, nous entrons dans une habitation, et immédiatement on nous entoure, on nous salue : nous sommes chez les Frères du Caire, à la maison de Koronfish.

La grande cour est transformée en salle de théâtre ; tout autour sont rangés les quatorze ou quinze cents élèves des bons Frères. Quand tous les pèlerins sont arrivés, un enfant du pays, avec un costume pittoresque, vient dans sa langue (l'arabe) nous débiter un compliment qu'un autre plus âgé traduit après lui.

Msr l'évêque de Tulle répond avec tout son cœur ; le R. P. Bailly prend à son tour la parole et dit aux Egyptiens que s'ils veulent nous suivre en Terre Sainte, NN. SS. les évêques n'étendront pas les mains pour les engloutir. La fanfare de l'établissement fait entendre ses plus joyeux morceaux.

Nous nous rendons ensuite chez les PP. Franciscains recevoir la bénédiction du très saint Sacrement. Avant le salut, le R. P. Placide nous souhaite la bienvenue en français.

Nous revenons à nos hôtels prendre un repos nécessaire pour affronter les fatigues du lendemain.

Le dimanche 19 avril, le matin, dès l'aube, nos landaus nous attendent à la porte des hôtels pour nous transporter au vieux Caire, à une heure de chemin. Nous traversons les quartiers modernes de la ville ; rien de bien curieux ; un peu les quartiers de Passy et d'Auteuil, à Paris ; il y a peu de mouvement, les habitants sont encore tous endormis. Plusieurs même dorment par terre, sur les trottoirs des rues, enveloppés dans de misérables couvertures. Nous passons devant le palais du khédive. Nous longeons un instant le Nil et nous arrivons dans des faubourgs d'une pauvreté extrême et d'une saleté révoltante. Les rues deviennent excessivement étroites, bientôt les voitures ne peuvent plus avancer : nous mettons pied à terre. Nous sommes au vieux Caire.

Par une heureuse coïncidence, l'Eglise célèbre aujourd'hui la fête du patronage de saint Joseph, et nous allons vénérer la maison de la sainte Famille. Une tradition fort ancienne et très respectable raconte que Joseph, venu en Egypte par ordre de Dieu, avait séjourné cinq ans dans un lieu nommé El Fosta, qui n'est autre que le vieux Caire d'aujourd'hui.

Nous passons dans une rue tortueuse et étroite ; elle peut avoir 1^m50 de largeur. C'est la pitoyable avenue d'un sanctuaire plus pitoyable encore. L'église élevée en l'honneur de la sainte Famille appartient aux schismatiques cophtes (1) ; elle est au-dessous du niveau du sol, signe non équivoque d'une haute antiquité ; elle est dédiée à Madame Marie, *Sitti-Mariam.*

Nous y entrons avec vénération ; mais quelle

___

(1) Chrétiens d'Egypte de la secte des Jacobites et des Monophysites. Ils n'admettent qu'une seule nature en Jésus-Christ. Le clergé pauvre et ignorant obéit à un patriarche. — Quelques cophtes sont catholiques et obéissent au Pape.

déception... Au lieu d'une église propre, soignée, comme il convient à un antique sanctuaire, nous trouvons une salle ornée, il est vrai, de vieilles peintures et de colonnes anciennes, mais d'une saleté repoussante, d'un désordre incroyable. A la porte, un prêtre cophte, couvert de son bonnet excentrique et d'une bizarre soutane déguenillée, tend la main humblement. On lui donne de bon cœur, il excite la pitié. Ah! qui donc relèvera ce sacerdoce cophte si avili aujourd'hui, et si loin d'un passé où il eut quelque gloire. On nous dit que le patriarche schismatique des cophtes ne serait pas loin de revenir à la vraie doctrine, mais il craint la colère de ses coreligionnaires. En tous cas, il a été fort aimable pour les catholiques français ; il a permis aux pèlerins, en ce jour du patronage de saint Joseph, de venir prier dans son sanctuaire du Caire ; il les a même autorisés à y célébrer la sainte Messe. Le Saint-Père a bien voulu lever l'excommunication et nous a permis d'offrir le saint sacrifice dans ce temple schismatique. Des autels portatifs sont établis dans toutes les parties de l'église, et les prêtres catholiques offrent la divine Victime dans ce lieu si saint profané par le schisme. Comme dans tous les monuments sacrés grecs et cophtes, le sanctuaire est séparé du reste de l'église par une barrière élevée, couverte de peintures antiques. Un rideau cache le maître-autel.

C'est l'heure de l'office des schismatiques, un prêtre revêtu des ornements sacerdotaux officie en ce moment, assisté d'un diacre et d'un clerc ; nous ne comprenons rien à sa liturgie. De temps en temps il chante sur un ton nasillard et monotone des paroles arabes ou cophtes. Mais voici qu'à côté de l'autel schismatique, Mgr Koppès, de Luxembourg, célèbre la sainte Messe ; bientôt le *Credo* catholique se fait entendre ; nous chantons avec enthousiasme, nous voudrions par les élans de notre foi convaincre nos malheureux frères séparés par le schisme. Nos chants ne paraissent pas troubler les cophtes, ils continuent les leurs. C'est un curieux spectacle.

Sous le chœur de ce misérable sanctuaire, il y a une crypte ; c'est la maison même de la sainte Famille. On y descend par un escalier fort mal entretenu ; tout à coup le prêtre cophte abandonne l'autel, précédé du diacre suivi du clerc ; tous les trois chantent : ils se dirigent vers la crypte, je les suis avec un autre pèlerin ; nous passons par un corridor sombre où grouille une foule de schismatiques, et où se font entendre des cris de petits enfants ; nous nous faufilons dans un petit coin ; que va-t-il se passer ? Le prêtre s'arrête auprès d'un grand bassin ; il bénit l'eau ; nous regardons, six petits enfants s'avancent ; c'est la cérémonie du baptême. Elle se fait chez les cophtes par une triple immersion ; les néophytes sont plongés en entier dans les eaux lustrales ; aussitôt après leur baptème , le prêtre leur administre le sacrement de Confirmation et il leur donne la Communion sous l'espèce du vin.

Pendant toute la cérémonie, les schismatiques se tiennent d'une manière qui nous scandalise, ils parlent, ils rient, ils se remuent, ils chantent. C'est fort peu édifiant. Les baptèmes sont terminés, la foule s'écoule par le corridor sombre ; nous restons presque seuls dans cette crypte, et nous l'examinons ; elle doit être fort ancienne ; elle est couverte de croix cophtes sculptées sur les murs ; on y voit les sièges respectifs de la sainte Vierge, de saint Joseph et de l'enfant Jésus. S'ils sont authentiques, il faut en conclure que les membres de la sainte Famille vivaient à distance et n'avaient que des relations officielles et non affectueuses : Mais il faut compter avec l'imagination et la fioriture orientales. Quoi qu'il en soit, l'enfant Jésus a vécu là, nous aimons à le croire et nous tombons à genoux pour prier.

Dans cette première apparition des traces de la sainte Famille, mon souvenir me transporte en France et je prie pour tous ceux qui me sont chers, je me souviens que l'institution où Dieu m'a appelé à travailler au salut des âmes est placée sous le patronage du chef de la sainte Famille, et je supplie ce grand patriarche de la bénir et de la protéger.

Il est 9 h. 1/2 ; nous sortons de l'église cophte pour visiter une mosquée voisine. Ce temple qui ne sert plus au culte d'Allah, porte le nom prétentieux de mosquée des 1,000 colonnes ; rien de remarquable, c'est un amas confus de pilastres grecs sans ordre et sans cachet. Nous reprenons nos landaus et rentrons dans la ville moderne par un autre chemin. Nous longeons une rue étroite où les charpentiers sont nombreux ; — ce corps de métier se serait-il perpétué ici depuis Joseph ? — Nous passons près du Nil et nous apercevons l'île de Rondah ; le guide que nous consultons nous apprend qu'autrefois, chaque année, sur les bords de cette île, une jeune vierge parée comme pour l'hymen était précipitée dans les eaux du Nil, au moment où la forte crue d'août faisait tomber la grande digue. Il paraît qu'aujourd'hui encore, au moment de l'ouverture de la digue, le canon tonne, les musiques militaires jouent leurs airs joyeux et on précipite dans le fleuve une fiancée (*arouseh*). Mais cette jeune vierge moderne n'est plus, de nos jours, qu'un morceau d'argile ou un vulgaire mannequin. Le Nil est aussi content que jadis.

Nous sommes arrivés à nos hôtels, nous nous pressons à déjeuner, car les bons Frères nous ont préparé dans leur établissement de Karonfish une récréation dramatique. Malgré notre grande hâte nous arrivons des derniers et nous sommes très mal placés : le programme est attrayant, les jeunes acteurs nous paraissent débiter leurs rôles avec assurance et habileté ; mais leurs paroles ne parviennent pas jusqu'à nous ; nous le regrettons. Une dame grecque schismatique qui se trouve auprès de nous, a la bonté de nous expliquer une pièce grecque que nous ne comprenons pas ; c'est un épisode de la vie d'Ulysse, roi d'Ithaque. Cette dame, femme d'un important commerçant du Caire est accompagnée d'un charmant petit garçon de sept ou huit ans. Il s'appelle Aristidès (Aristide). Il entre vite en connaissance avec nous et quoique ne connaissant pas le Français il nous fait dire par sa mère, qui parle admirablement notre langue, qu'il a un grand désir de voir la France. Il voudrait venir avec nous et apprendre le français à Saint-Joseph de Fontenay. Charmant enfant, que ne puis-je l'emmener, je voudrais surtout ouvrir ses yeux à la lumière de la vraie foi. La séance est terminée, Aristide nous baise les mains ; quand il saura le français, il nous écrira. Au revoir.

Nous nous rendons à la chapelle des Frères. Pendant ce temps, leur harmonieuse fanfare accompagne un chant de circonstance ; nous le donnons en entier :

1

O pèlerins, fleurs de la douce France,
Fils des croisés, en marche vers Sion,
Le cœur rempli de divine espérance,
Allez prier pour votre nation !
L'astre béni de la foi vous éclaire ;
De l'amour saint vous portez le trésor :
Allez pleurer sur le roc du Calvaire,
Allez baiser le sommet du Thabor !

REFRAIN

O pèlerins chrétiens, fleurs de la douce France,
O fils de vos croisés, en marche vers Sion,
Vous dont le cœur est plein de divine espérance,
Allez, allez prier pour votre nation.

2

Allez fouler la terre du miracle ;
Le Christ en vous reconnaîtra ses preux !
Prosternez-vous dans son divin cénacle,
Et révérez son tombeau glorieux !
De Bethléem qui décrira la joie ?
Du Golgotha qui dira la douleur ?
Vous la suivrez la douloureuse Voie,
Vous baiserez la crèche du Sauveur.

3

Quand tout regard est abaissé sur terre !
Vous, vous allez les yeux fixés en haut !
Le pied vaillant le cœur plein de prière,
Chaque croisé du Christ est le héraut !
Fleur de la France, ô chrétiens nos modèles,
Fils des Croisés, en marche vers Sion,
Prêtres zélés, pontifes et fidèles.
Allez prier pour votre nation !

Il est déjà tard, mais je veux me perdre dans les
rues obscures et tortueuses de la vieille capitale
égyptienne pour voir de près ses habitants. Le Caire
est le type de la ville arabe ; on ne peut pas préciser
le nombre de ses habitants, car dans les gourbis (1)
les enfants pullulent et les musulmans ne connaissant
pas l'état civil, il est impossible de faire un recen-

(1) Hutte qui sert de demeure aux Arabes. — On entend
aussi par gourbi, l'ensemble des tentes qui forment le
village ou camp arabe.

sement. Les géographes comptent 500,000 âmes au Caire, et les bons Frères prétendent que la ville en possède au moins 2,000,000. Je le crois, car la foule est considérable dans les rues. Les entrées des auberges et restaurants sont littéralement assiégées ; les Arabes attendent, pour y pénétrer, le coup de canon qui doit leur annoncer la fin du Ramadan ; ils ont faim et je le comprends aisément, s'ils ont bien accompli leur jeûne, ils doivent être affamés. Pauvres gens !

De temps en temps, je rencontre une de ces malheureuses femmes, obligées par leur mari à se couvrir le visage avec un voile noir retenu par un morceau de bois qui s'attache d'une part à leur chevelure et de l'autre à l'extrémité supérieure du nez. Quelle triste situation la femme possède chez les musulmans : elle est traitée dans la famille comme une esclave, comme une déshéritée ; dans son bas âge, elle est en butte aux injures et aux coups de ses frères ; à dix ou douze ans souvent, elle est mariée à un homme qu'elle ne connaît pas et qui l'enferme au fond de sa demeure : elle ne peut pas sortir sans sa permission, et elle est mal-traitée chaque jour. C'est le christianisme qui a régénéré la femme, et dans les pays où la religion de Jésus-Christ ne domine pas, elle est restée ce qu'elle était chez les païens, c'est-à-dire une vile esclave.

Je rencontrais aussi parfois un Arabe monté

tranquillement sur un âne, et derrière lui sa femme fléchissant sous le poids d'un énorme fardeau : voilà la galanterie musulmane.

Je m'enfonçais toujours de plus en plus dans des rues obscures et tortueuses ; je finis par me perdre complètement. Je rentre alors dans une pharmacie pour demander mon chemin. On y comprend parfaitement le français et on m'indique très complaisamment la voie à suivre. J'arrive au quartier européen, où se trouve notre hôtel. Une des rues qui m'y conduisent rappelle la rue de Rivoli ; à droite, des arcades où se trouvent de fort beaux magasins et des cafés d'apparence superbe ; à gauche, la grille du jardin de l'Esbekieh. Sous les arcades, je m'arrête pour écouter une espèce de rapsode nègre qui débite des vers arabes ; sa pièce doit être spirituelle, si j'en juge par les éclats de rire qu'elle provoque. Son geste est animé. Son œil brille ; il chante presque en parlant. On paraît content de ce qu'il dit. Les Arabes, pour mieux entendre, abandonnent même leur *narguileh*. (1) Il faut que ce soit bien intéressant. Il paraît que le peuple arabe aime fort la poésie : à voir cette populace sale, déguenillée, repoussante, je ne m'en serais jamais douté.

---

(1) Pipe turque composée d'un long tuyau et d'un vase plein d'eau que la fumée traverse pour parvenir à la bouche. Les femmes comme les hommes fument le narguileh.

CHAPITRE IV

LE CAIRE

(SUITE)

*Un prêtre cophte. — Matarieh. — Jardin du Baume. —
Les traditions. — Héliopolis. — Souvenirs de la sainte
Famille. — L'Obélisque. — Poésie sur le Sycomore. —
Un parc d'autruches. — Retour au Caire. — Incident —
La citadelle. — Panorama du Caire. — La mosquée
de Méhémet-Ali. — Le puits de Joseph, — Les bazars
du Caire. — Visite à l'église cophte.*

Je rentre à l'hôtel d'Orient avec la nuit, et je
trouve mes compatriotes causant avec un prêtre
cophte catholique qu'ils viennent de rencontrer.
Elève des Jésuites du Caire, ce jeune cophte a reçu
depuis quelques mois seulement l'onction sacerdotale. Il parle admirablement le français ; il est venu
à l'hôtel d'Orient pour voir les représentants de la
France catholique qu'il aime et qu'il vénère. Nous
sommes vite bons amis. Il reviendra demain soir à
notre retour de la citadelle et il nous fera visiter
l'église cophte catholique.

Le lundi 20 avril, nous partons de bonne heure
pour Héliopolis. Nous prenons le train dans une
petite gare voisine de la station centrale. En une
demi-heure, nous arrivons à Matarieh. Le train
s'arrête au milieu d'un terrain sablonneux. Comme
il faut arriver des premiers pour pouvoir célébrer

la sainte Messe, le P. Baud et moi nous nous précipitons en avant sans trop savoir où nous nous
dirigeons. Nous traversons un bois de citronniers
et nous entrons dans le *Jardin de Baume,* où s'élève
une toute petite chapelle gothique. Nous sommes
arrivés.

« Une très ancienne légende cophte raconte naïvement que la sainte Famille, re rendant en Egypte,
arriva à Matarieh. Joseph avait soif, une source
jaillit de terre pour le désaltérer ; la Vierge était
fatiguée, un sycomore ouvrit ses bras et lui offrit
un siège, et l'Enfant-Jésus, bénissant la source,
l'arbre et le jardin, leur donna des propriétés merveilleuses. Alors les baumes, qui n'avaient jamais
réussi, arrosés par l'eau miraculeuse, se développèrent. »

Quoi qu'il en soit de cette gracieuse légende, il
est certain qu'aujourd'hui il n'y a plus de baumiers
dans ce jardin du baume, mais le sycomore existe
toujours, et à côté une source d'eau limpide coule
doucement. Près de cet arbre aux précieux souvenirs, les PP. Jésuites ont établi leur maison de
campagne, et ils ont bâti un charmant oratoire au-
dessus d'une grotte de Lourdes artificielle et délicieusement placée. J'ai la joie de célébrer la sainte
Messe dans la chapelle, pendant que d'autres prêtres
offrent le Saint-Sacrifice autour de l'arbre ou dans
là grotte, sur des autels portatifs. Mgr de Tulle
célèbre auprès du sycomore ; les pèlerins viennent

recevoir la sainte communion. On chante des cantiques français. Le R. P. de Saint-Albin, jésuite,
nous raconte les traditions.

Elles existent depuis très longtemps chez les
Turcs ; or, les musulmans ne les ont pas inventées,
et ils ont toujours cru que l'arbre de Matarieh avait
été sanctifié par la sainte Famille. De plus, dans
tous les siècles on a prié auprès de cet arbre
fameux, toutes les sectes s'y sont donné rendezvous, et beaucoup de grâces y ont été obtenues.

Enfin, la France honore comme évêque de Béziers
saint Aphrodise, ancien prêtre du Soleil à Héliopolis, converti par les Apôtres. Il avait vu les
merveilles du passage de l'Enfant-Dieu près de son
temple ; la leçon du bréviaire rapporte l'origine du
pèlerinage de Matarieh, et les traditions locales
célèbrent le souvenir du prêtre d'Héliopolis en
transportant, le jour de sa fête, un chameau géant
dans la ville. Il est vrai que depuis quelques années
la municipalité radicale de Béziers a laïcisé le
chameau qu'on promenait dans la cité ; elle l'a
enlevé du presbytère et l'a placé à la mairie. Chaque
année, on le fait encore sortir le jour du 14 juillet.

Le sycomore a deux branches principales qui se
dégagent d'un tronc couvert d'inscriptions. On dit
que Kléber lui-même, après la victoire d'Héliopolis,
y grava la sienne ; nous l'avons cherchée inutilement.

Nos aimables hôtes, les RR. PP. Jésuites, nous

offrent un déjeuner réconfortant, et nous partons pour Héliopolis, où la sainte Famille a séjourné pendant plusieurs années. Cette ville est nommée plusieurs fois dans la Sainte Ecriture ; c'est là que Joseph, figure de saint Joseph, épousa Azemeth, fille du grand-prêtre d'Héliopolis ; Ezéchiel annonce sa ruine, et Isaïe prédit qu'elle sera achevée par le Christ lui-même.

En un quart d'heure, à travers des champs bien cultivés, nous arrivons à la *ville du Soleil*. Nous apercevons d'abord çà et là des décombres : ce sont les murs ruinés d'Héliopolis. Nous nous arrêtons au pied d'un superbe obélisque, seul reste de cette ville fameuse. C'est un monolithe d'une hauteur prodigieuse, frère de ceux que nous avons admiré à Rome, devant Saint-Pierre, sur la place du Peuple et à Saint-Jean de Latran ; il est plus beau que les autres, car il est, dit-on, enfoui par sa base de 8 à 10 mètres dans le sol. Cet obélisque mal entretenu est couvert d'hiéroglyphes qui font le désespoir des égyptologues ; les traductions que nous en avons lues contiennent des éloges dithyrambiques pour les Pharaons. Ce monument grandiose est tout ce qui reste du célèbre temple égyptien où les prêtres élevaient le bœuf Muéris, émule d'Apis. C'est ici, dit-on, que le Phénix, chaque cinq cents ans, arrivait d'Ethiopie pour rendre le dernier soupir sur un bûcher d'encens et de myrrhe, et retrouver ainsi une vie nouvelle. Il paraît qu'autrefois plus de

12,000 persónnes logeaient dans l'enceinte sacrée du temple et vaquaient au service du culte. C'est aussi dans ces mêmes plaines que, le 19 mars 1800, jour de la fête de saint Joseph, Kléber remporta une victoire inespérée.

Nous regardons en silence ces champs déserts qui furent jadis le grand centre intellectuel de l'Egypte. Moïse a dû y étudier ; les Grecs venaient s'y instruire, et Hérodote vint apprendre l'histoire qu'il écrivit.

Nous abandonnons ces ruines l'esprit plein de ces profanes souvenirs et songeant à l'enfance de Jésus qui s'était écoulée en partie au sein de cette ville antique.

Citons encore ici, en partie du moins, une délicieuse poésie de M. Tréca :

MATARIEH

Par un ange averti, Joseph le charpentier,
Voyageant nuit et jour et fuyant sa patrie,
Parfois se reposant sous un maigre olivier,
Conduit l'Enfant-Jésus et la Vierge Marie....
.... Tous trois ont traversé le désert effrayant,
L'Egypte n'est pas loin : c'est le salut sans doute ;
Epuisés de fatigue et le pas chancelant,
Mais retrouvant l'espoir, ils poursuivent leur route.
Un jour, un vent brûlant venu des grands déserts,
En rafales de feu mugit et tourbillonne ;
Il emplit les poumons, il dessèche les airs,
D'un long gémissement la nature résonne...
Un sycomore est là, des siècles respecté ;...

OBÉLISQUE D'HÉLIOPOLIS

Aux rayons du soleil, opposant son feuillage ;
Jésus sous l'arbre vert par Joseph est porté,
Tous trois sont abrités sous le puissant ombrage.
Ils souffrent de la soif... Hélas ! point de ruisseau,
Rien que du sable chaud roulant sous la tempête :
L'Enfant-Jésus se plaint et demande de l'eau...
La fille de David de douleur est muette. —
Joseph dit en pleurant : « Dieu bon sauve ses jours... »
.... Soudain le vent se calme et du sol entr'ouvert
Un faible ruisselet limpide et frais s'élève ;
Il murmure en chantant : harmonieux concert
Tel qu'Eden les connut aux jours d'Adam et d'Eve !...
.... Les siècles ont passé, la source coule encor
Au milieu des cactus dans le jardin du Baume ;
Sur l'oranger ployé mûrissent les fruits d'or,
Et sous les grenadiers formant un joyeux dôme
Les chrétiens d'aujourd'hui se plaisent à venir.
C'est ici que pleura Jésus notre modèle :
De ce lieu saint gardons le touchant souvenir,
Si la Vierge y souffrit, souffrons ausssi comme Elle.

Il est 10 heures ; c'est le moment de la forte chaleur en Orient. Le *kamsin* souffle et nous sommes fatigués ; mais nous voulons visiter encore, à 2 kilomètres de la ville du Soleil, un parc d'autruches fondé par un Français à l'entrée du désert· Nous marchons pendant une demi-heure dans un sable brûlant et nous arrivons à l'établissement de notre compatriote. Il élève des collections d'autruches. Elles sont sectionnées par rang d'âge. Nous traversons les cours où elles sont renfermées. C'est l'époque où on les a dépouillées de leurs plumes, et elles n'ont plus cette gracieuseté de l'oiseau qui leur donne tant d'élégance. La plupart dépassent 2 mètres de haut. Ces animaux se reproduisent dans de riches proportions. Les œufs, pondus par douzaines, éclosent artificiellement dans des boîtes aménagées tout exprès. Les plumes de leur queue et de leurs ailes sont d'un grand revenu.

En revenant du parc, nous traversons de nouveau ce long chemin de sable, songeant aux souffrances de ceux qui, pendant des mois, marchent au milieu des déserts, et nous rejoignons la gare. A 11 heures, nous sommes au Caire.

Vers 1 heure de l'après-midi, après le café oriental, servi comme à l'ordinaire dans les jardins de l'hôtel au milieu de cette végétation exotique si riche et si variée, nous reprenons nos landaus pour aller visiter la citadelle. Nous longeons le long boulevard de Méhémet-Ali, et, en une petite demi-heure, nous arrivons au but de notre promenade. Nous mettons pied à terre : nous sommes au bas de la citadelle ; nous avons derrière nous la vieille mosquée de Madmoudyeh. Elle nous paraît gigantesque, en face un autre temple à Mahomet dont j'ai oublié le nom.

Pendant que nous attendons le savant frère Angelème, qui doit nous expliquer les curiosités de la citadelle, il se produit un incident que nous n'hésitons pas à rapporter, parce qu'il peint bien les mœurs arabes et parce qu'il montre comment les Européens se font respecter en Orient.

Un robuste jeune homme arabe avait insulté un jeune Père de l'Assomption en lui crachant au visage... Le directeur du service des voitures, un jeune Français installé au Caire depuis deux ou trois ans, apprend la chose ; il arrive au grand galop de son cheval, met pied à terre, et se précipite sur l'insulteur. Ce dernier n'oppose aucune résistance. Le Français le couche sur un banc, lui administre une volée de coups de canne, et, après lui avoir craché à plusieurs reprises à la figure, il remonte à cheval. Ces mœurs semblent barbares et cruelles, mais il paraît que presque forcément on arrive à les pratiquer peu à peu, parce que l'argument frappant est le seul qui puisse convaincre ces peuples dégénérés.

Mais nous entrons dans la citadelle ; nous franchissons la porte monumentale et suivons le chemin raboteux, malaisé qui conduit au sommet. A la porte d'entrée, un poste de soldats anglais nous fait penser encore une fois à l'influence de la France qui devrait être prépondérante au Caire. Nous voici sur le faîte de la citadelle. Il me semble que sa situation stratégique doit être détestable, car elle est dominée par un long banc de rochers, de l'autre côté de la ville ; elle me paraît être simplement une citadelle d'apparat, une forteresse de famille, tournée tout entière contre la ville et destinée à réprimer les insurrections et les guerres civiles.

Nous suivons le bon Frère Angelème : il nous conduit à un endroit des remparts où la vue s'étend sur toute la cité et au-delà sur les rives du Nil, jusqu'au désert de Lybie. Vers le Midi, nous apercevons les Pyramides, et à leurs pieds la tête gigantesque du Sphinx ; plus loin, les ruines de Memphis ; du côté du Nord, le delta du Nil fuyant vers la Méditerranée.

Au-dessous se trouve la rue encaissée et tortueuse où, en 1811, furent massacrés les mamelucks. Méhémet-Ali les fit fusiller là par des soldats albanais au moment où ils sortaient du joyeux banquet qu'il leur avait offert. Notre aimable guide nous montre l'endroit où l'un d'eux lança son cheval dans l'espace et parvint à se sauver. Ce saut prodigieux nous paraît invraisemblable ; nous nous persuadons que cette histoire est une pure invention, parce que si le cheval a osé se précipiter ainsi dans le vide, lui et son cavalier ont dû arriver en bas absolument broyés.

Au-delà de la rue des Mamelucks se déroule le panorama entier de la ville du Caire : c'est un immense assemblage de toitures plates avec auvents pour recevoir la brise du Nord. Au-dessus des maisons planent de blanches coupoles, dominées elles-mêmes par une forêt de pittoresques minarets.

Nous restons un instant silencieux devant ce

magnifique spectacle, et nous partons, jetant un dernier regard vers les Pyramides, que le soleil dore à leur sommet ; nous leur disons au revoir : demain matin nous devons les visiter.

Nous nous acheminons vers la mosquée de Méhémet-Ali, la plus belle de toutes celles de l'Egypte. A la porte, nous trouvons une troupe d'Arabes : ils nous obligent à quitter nos chaussures, ou, singulière contradiction, à la compliquer d'une seconde qu'ils nous procurent au moyen de l'inévitable baghchich. On suppose que l'une est plus propre que l'autre ; c'est ce qu'il faudrait démontrer. Quoi qu'il en soit, chacun s'exécute de bonne grâce : on se déchausse en riant. Nous pénétrons d'abord dans une large cour rectangulaire, dallée de marbre, avec cloître à superbe colonnade, et, au centre, une fontaine en forme de rotonde. Un musulman est occupé à s'y laver avant de pénétrer dans le temple d'Allah.

Nous entrons ensuite dans l'intérieur de la mosquée et nous sommes éblouis. Les murs sont couverts de lambris d'onyx de différentes couleurs ; quatre énormes piliers carrés, soutenant l'immense coupole toute zébrée d'arabesques d'or sur fond de pourpre ; de petites fenêtres rondes fermées par des vitraux aux riches couleurs ; des tapis à grands ramages, des lustres, des lampes, tout l'attirail de merveilleux, la féerie, le bric à brac étrange et séducteur de l'Orient. Ces splendeurs étonnent tout d'abord, mais lorsqu'on examine plus attentivement, on découvre un manque de goût absolu dans toutes ces décorations placées sans ordre et sans art.

Il suffit aux musulmans que les visiteurs de leurs temples soient dépouillés de leurs chaussures : cette formalité accomplie, ils n'ont pas besoin de donner d'autres marques de respect, et il faut avouer que nous sommes peu respectueux. On parle, on chante, on rit, on se couche sur les tapis : certains jeunes gens même exécutent des gambades et des cabrioles; c'est scandaleux, mais nous sommes déchaussés, et les Arabes sont satisfaits.

Dans un coin se trouve le tombeau de Méhémet-Ali, le fondateur de cet édifice.

Les yeux fixés sur toutes ces merveilles de la mosquée, nous nous disions cependant qu'il manquait quelque chose à cet édifice ; c'est ce cachet d'ancienneté, ce reflet du passé et ce je ne sais quoi d'auguste, d'imposant, de touchant, de mystérieux que possèdent nos vieilles églises ou nos antiques monuments d'Europe.

Nous sortons de la mosquée pour visiter, avant de quitter la citadelle, le puits de Joseph ou de Saladin. Il était destiné, avec plusieurs autres, à alimenter d'eau la citadelle en temps de guerre. On y descend par une pente en spirale assez douce. Nous nous y précipitons ; l'obscurité est bientôt absolue ; nous sommes nombreux et nous marchons les uns sur les autres ; nous renonçons à descendre jusqu'au bas et nous sortons de la citadelle.

Il est 4 heures, nous reprenons nos véhicules ; notre cocher doit nous conduire aux bazars de la ville ; mais, soit mauvaise volonté, soit ignorance de sa part, il nous ramène à l'hôtel. Nous voulons lui faire changer de direction, mais il ne comprend pas notre langage et nous ne connaissons pas le sien : impossible de s'entendre. Un passant complaisant, qui connaît quelques mots de français, vient nous tirer d'embarras, et nous roulons vers les bazars situés du côté de Koronfish.

Nous nous arrêtons à l'entrée d'une voie étroite qui me rappelle admirablement la fameuse rue du Caire à l'Exposition de 1889. A peine descendus de voiture, nous sommes assaillis par une foule de marchands qui veulent absolument nous vendre le produit de leurs travaux. Nous avons de la peine à nous défendre de leurs poursuites intéressées. Il faut se fâcher et montrer le poing. Nous longeons aussi plusieurs rues étroites, et nous constatons que ces fameux bazars sont au-dessous de leur réputation. Nous remontons en voiture, et en quelques minutes nous arrivons à l'hôtel d'Orient.

Le jeune prêtre cophte nous y attendait depuis quelques instants. Il nous salue en portant sa main à sa bouche, à son front et à son cœur suivant l'usage arabe, et nous lui serrons la main à la française. Nous l'emmenons se rafraîchir dans une

maison française qu'il nous indique ; l'hôte, Bour-
guignon d'origine, nous apporte sa meilleure bière
frappée, et s'attable avec nous pour causer de la
patrie, qu'il n'a pas revue depuis plusieurs années.
Nous buvons à la santé de la France, et nous nous
dirigeons vers l'église cophte. Elle est très simple,
mais très soignée ; elle n'est pas disposée comme
les sanctuaires du rit oriental, parce qu'elle sert en
même temps aux Franciscains du Caire. Nous
promettons de venir le lendemain, à 4 heures du
matin, célébrer nos messes dans l'église cophte ;
le jeune prêtre nous conduit ensuite visiter la cathédrale des grecs orthodoxes. Un prêtre schismatique
nous en fait les honneurs ; il a l'air fier de son
église ; il a raison : elle est riche, soignée, et d'un
bon style. Notre aimable guide veut nous ramener
à l'hôtel ; chemin faisant, nous rencontrons quelques
enfants cophtes ; ils viennent embrasser les mains
du jeune prêtre, et ils nous demandent notre bénédiction ; élèves des Frères, ils parlent presque tous
le français.

Notre excellent cicérone nous donne des détails
curieux sur la secte dont il fait partie. La race
des cophtes est certainement une des plus intéressantes de toutes celles qui vivent sur les bords du
Nil ; depuis longtemps ils ont abandonné leur langue
nationale et parlent tous l'arabe ; leur liturgie, très
différente de celle des catholiques, contient encore
quelques phrases cophtes, mais elles sont rares.

Cependant on a été assez heureux pour recueillir quelques épaves de cette ancienne littérature, pour reconstituer la langue cophte et rendre ainsi possible la lecture des hiéroglyphes : on prétend que ce langage antique était parlé du temps des Pharaons.

Sur les 500,000 cophtes qu'on trouve en Egypte, c'est tout au plus si l'on compte aujourd'hui 20,000 catholiques. Ceux-ci ont conservé l'ancienne liturgie cophte, qui se rattache à celles de saint Marc, de saint Grégoire de Nazianze et de saint Basile. Ils célèbrent le Saint-Sacrifice pieds nus ; leurs offices sont très longs et leurs fêtes ne correspondent pas avec les nôtres : c'est ainsi qu'en ce moment de l'année ils sont en plein carême, et se préparent à la solennité pascale, qu'ils célèbreront dans une quinzaine de jours.

Mais nous voici arrivés à l'hôtel d'Orient ; nous invitons le jeune prêtre à dîner, mais la règle de son couvent et l'époque de l'année liturgique cophte ne lui permettent pas d'accepter notre invitation. Il nous donne rendez-vous pour le lendemain matin à 4 heures 1/2.

CHAPITRE V

LES PYRAMIDES — BOULACQ

Messes à l'église cophte. — Départ pour les Pyramides. — Un marché arabe. — Un mouton écrasé. — Arrivée aux Pyramides. — L'intérieur. — La messe à l'entrée du désert. — L'ascension. — Promenade sur un chameau. — Le Sphinx. — Giseh. — Jardins magnifiques. — Un déjeuner dans une grotte féerique. — Le musée de Boulacq. — Ramsès II. — Retour au Caire. L'Esbekieh. — L'âne du Caire.

Le lendemain 21 avril, nous partons dès 4 heures pour l'église cophte ; prenons-nous le plus court chemin ? M. Boutin prétend que non ; j'affirme que si ; le P. Baud est neutre ; toujours est-il que nous arrivons à notre but vers 4 heures 1/2. Chemin faisant, nous trouvons étendus à terre, dormant enveloppés dans d'horribles couvertures déchirées, de pauvres Arabes qui ne connaissent pas les douceurs du foyer domestique, ou que les fumées des repas nocturnes ont empêché d'arriver jusqu'à leur demeure. Ce triste spectacle inspire notre pitié.

Nous célébrons la sainte Messe dans la petite église des cophtes et nous revenons rapidement à l'hôtel, où déjà les landaus nous attendent pour nous transporter aux Pyramides.

Nous sommes installés dans nos confortables

véhicules. En avant! Nous traversons les quartiers européens du Caire, nous passons le Nil sur un magnifique pont en fer, et de l'autre côté du fleuve nous trouvons un marché arabe; malheureusement, le trot rapide de nos chevaux nous empêche d'étudier bien à notre aise les mœurs des commerçants du pays.

Nous constatons simplement que des milliers de chameaux sont là, reposant tranquillement sur leurs genoux; ils portent sur leur bosse puissante d'énormes paniers remplis de légumes et de fruits; et les revendeurs de la ville tournent autour, examinant les primeurs et les produits de la haute Egypte, faisant leur prix, et marchandant avec force cris et force grimaces.

Nous suivons une magnifique route bordée à droite et à gauche par une double allée de lebbaks superbes et touffus, nous croisons à chaque instant des files interminables de chameaux. Une de ses longues processions est composée de vingt-cinq de ces énormes bêtes; ils sont attachés les uns aux autres par une simple corde, et ils se suivent, docilement conduits tous par une seule petite fille qui peut avoir huit ou neuf ans; chacun d'eux est chargé d'un énorme faix qui doit peser considérablement, mais il n'a pas l'air de s'apercevoir de son poids et il continue tranquillement son voyage, d'un pas lourd et cadencé, jetant parfois sur nos voitures un regard doux et suppliant.

Nous formions une file d'au moins vingt-cinq ou trente voitures : quelques pèlerins étaient à cheval et précédaient la caravane. Bientôt nous atteignons le musée de Boulacq, où nous devons revenir dans l'après-midi : ici la route est étroite et le grand mouvement causé par le marché rend la circulation très difficile. Il se produit alors un incident qui met en relief les mœurs arabes si autoritaires et si injustes. Le landau qui nous précédait était conduit par un cocher quelque peu aviné qui cherchait toujours à dépasser les autres véhicules. En longeant de trop près les arbres qui bordaient le chemin, la roue attrape un malheureux mouton, lui passe sur le corps et lui casse les reins. Un des conducteurs du troupeau de moutons se précipite à la tête des chevaux, arrête le landau, et réclame la réparation du dommage qu'il a subi ; il était dans son droit. Mais le cocher lance ses chevaux à fond de train, et comme le malheureux Arabe se tient aux brancards et ne lâche pas prise, il prend ses guides avec les dents, et, saisissant à deux mains le manche de son fouet, il frappe le pauvre berger à coups redoublés jusqu'à ce que ce dernier abandonne les rênes et tombe épuisé sur la route. Voilà la justice musulmane !

Bientôt, les trois Pyramides sont devant nous. Chose étrange, elles semblent diminuer au lieu de grandir à mesure que nous approchons ; c'est seulement au pied de ces masses effrayantes que nous pouvons nous apercevoir du gigantesque travail qu'elles ont demandé. Chacun sait le nom de ces trois sépultures royales : la plus grande et la plus près de nous est celle de Kheops ou Koufou ; la seconde est celle de Khefrem ou Khafra, et la troisième celle de Mycerinus ou Menkooura. La première surtout a les préférences des voyageurs, et nous nous arrêtons au bas de celle-ci. Des escaliers permettent de monter jusqu'au sommet de la pyramide, mais en s'approchant on s'aperçoit avec étonnement que les marches de cet escalier ont une moyenne de 1 mètre ou 1 mètre 50 de hauteur ; pour arriver au sommet, il faut donc faire des pas prodigieux et des exercices gymnastiques qui deviennent très dangereux pour les personnes sujettes au vertige. Déjà plusieurs pèlerins se sont élancés à l'assaut du colosse ; j'envie leur sort, mais M. Boutin déclare qu'il ne sera pas de la partie. Malgré nos prières, il s'obstine dans sa résolution ; nous ne pouvons que le décider à descendre avec nous dans les flancs de la pyramide. Nous faisons prix avec deux Arabes et nous partons. Nous voilà bientôt engagés dans une sorte de trou noir taillé à grand'peine dans le marbre du monument ; cette galerie sombre descend presque à pic, nous nous laissons tomber à chaque pas sur ce sol glissant, et comme nous nous trouvons dans une obscurité complète, chaque chute amène une marmelade humaine fort peu intéressante ; on se piétine les uns les autres,

on marche sur les mains de son voisin, on pousse
des cris ; c'est une scène tragico-comique. M. Boutin n'est pas rassuré ; il parle toujours de revenir,
il veut revoir la lumière du soleil ; mais les Arabes
ne le comprennent pas, ils nous entraînent toujours
et bientôt, après une chute plus terrible que toutes
les autres, nous nous relevons sur un terrain
humide et froid. Un Arabe allume une torche, et
nous apercevons une chambre souterraine inache-
vée qui n'a absolument rien de remarquable ; nous
sommes tout à fait désillusionnés et nous reprenons
bien vite le chemin qui nous a amenés jusque là.
Il est plus facile de monter que de descendre, et en
quelques minutes nous retrouvons l'air et la lumière
et nous apparaissons à l'entrée de la pyramide,
couverts de sueur, épuisés, essoufflés ; les Arabes
reçoivent avec reconnaissance leur baghchich, et
nous rejoignons les autres pèlerins. Un officier de
l'armée égyptienne qui nous a suivis aux Pyramides
et qui nous a vus rentrer dans les chambres intérieures, s'étonne de nous voir déjà revenir ; nous
lui racontons ce que nous avons vu ; il nous explique
alors que nos guides nous ont trompés, et que pour
avoir plus tôt gagné leur pourboire ils ne nous ont
montré qu'une chambre insignifiante. Furieux, je
veux retourner, mais mes compagnons ont assez
de leur première excursion souterraine et ils me
font abandonner ce projet.

Ceux qui, plus heureux que nous, ont eu affaire

à des guides consciencieux, ont eu l'amabilité de
me décrire l'intérieur du monument de Kheops.
A moitié chemin de la galerie obscure dans laquelle
tant de fois nous avons glissé, se trouve un étroit
corridor qui monte à la chambre de la reine. Cet
appartement mesure 6 mètres de long sur 5 de large
et 7 de haut ; il est bâti en pierre calcaire couverte
d'une couche de sel qui fait supposer que l'on est
dans le roc vif. Par un autre corridor, on parvient
dans une grande galerie qui, cette fois, mène à la
sépulture royale. Elle se compose d'un vestibule
jadis fermé par de grandes portes. La chambre funéraire où elles donnent accès est bâtie comme celle
de la reine, en magnifiques blocs de granit admirablement appareillés. Elle est moins haute que la
première, mais plus longue et aussi large. Un sarcophage de porphyre de 1 mètre sur 2 mètres 1/2
occupe le centre de cet appartement. C'est pour
recouvrir ce tombeau que la pyramide a été construite. Il a perdu non seulement la momie qu'il
recouvrait, mais même son couvercle. Il paraît
qu'en le frappant on lui imprime les vibrations d'une
forte cloche. Du reste, l'écho de ces chambres funéraires est très perfectionné, et ceux qui ont l'obligeance de me donner ces détails sont fiers d'avoir fait
résonner cet écho qui répète jusqu'à dix fois le son.

Pendant notre excursion manquée, les Pères de
l'Assomption avaient établi sur la première assise
de la pyramide un autel portatif, et M. l'abbé Roca,

vicaire général de Perpignan, se disposait à célébrer la sainte Messe. C'est pour la première fois, croyons-nous, que ces antiques monuments voyaient s'accomplir auprès d'eux un si grand mystère. Les Arabes d'abord ne comprennent pas ce qui va se passer ; ils regardent les préparatifs en chantant et en criant ; mais on leur fait signe de se taire ; ils se rendent compte que nous accomplissons un acte de religion, et, toujours respectueux de la prière, ils s'accroupissent suivant l'usage oriental et assistent silencieux au Saint-Sacrifice. Plusieurs pèlerins font la sainte communion.

Après la Messe, M. l'abbé Collot, du diocèse de Nancy, monte sur les premières marches du gigantesque sépulcre, et il montre éloquemment en quelques phrases émues qu'il est bon, en face de ces tombeaux orgueilleux, à l'entrée de ce désert, de répéter : Dieu seul est grand ! Ici, les tombes des Pharaons, qui ont accumulé autour de leurs palais les trésors et les délices de la terre ; là-bas, sous les sables du désert, les cendres des ascètes, des solitaires et des martyrs, qui n'ont pas de tombeaux mais qui jouissent de la gloire du ciel. Aujourd'hui, où sont les grands ?

Après cette cérémonie singulièrement émouvante, nous gravons sur le granit :

Super hanc petram, sacrum peregerunt peregrini e Gallia ad Ierosolymam iter habentes. — 21 aprilii 1891.

« Sur cette pierre, les Français faisant le pèlerinage de Jérusalem ont celébré le Saint-Sacrifice le 21 avril 1891. »

Il s'agit maintenant de marcher à l'assaut de la pyramide ; les Bédouins sont là nombreux pour nous aider à gravir ces escaliers gigantesques. Le P. Baud et moi cherchons à entraîner notre aimable compagnon ; mais il résiste, il craint le vertige ; pour nous, il nous semble que nous n'aurions pas vu l'Egypte, si nous n'avions pas escaladé les Pyramides, et nous nous livrons aux mains des Arabes. Celui que je charge de ma personne est un magnifique gaillard d'une vingtaine d'années ; il est revêtu d'une longue chemise à peu près blanche qui constitue son unique et très sommaire vêtement. Il veut me saisir pour m'entraîner après lui, mais je me lance tout seul à l'assaut, et d'abord il est étonné de mon agilité ; mais ensuite un sourire moqueur se laisse voir sur son visage ; il a compris que bientôt je serais épuisé et que j'accepterais ses services. En effet, au bout d'un moment, je m'arrête et je me laisse hisser comme un colis. Enfin, au bout d'une petite demi-heure, à travers 203 escaliers qui auraient pu servir à Gargantua, je me trouve à 137 mètres au-dessus des vulgaires mortels. Le P. Baud y arrive un peu après moi, et nous contemplons fièrement les pèlerins restés en bas, comme les quarante siècles qui admirèrent l'armée de Napoléon.

Le haut de la pyramide forme une plate-forme d'environ 20 mètres carrés ; au centre se trouve un amas de pierres où les premiers arrivants sont déjà assis pour se reposer. Revenus de nos premiers sentiments d'orgueil, remis de nos fatigues, nous regardons autour de nous. Le temps est splendide, et on voudrait être seul sur cette étroite esplanade pour rêver à l'aise. Tout porte, en effet, à la méditation. Du côté de l'orient, le Nil se promène majestueusement au milieu d'une plaine fertile ; de noirs villages se cachent dans les bois de palmiers, arbres jadis sacrés et dont les branches sont toujours restées un symbole de triomphe ; au nord-ouest, le Caire, avec sa citadelle et ses hardis minarets ; au sud-ouest, dans le lointain, les nombreuses pyramides de Memphis et les ruines de cette ville fameuse. Au couchant, au pied même des pyramides, commence le désert. On voit des montagnes arides, des vallées stériles, des collines de sable, et plus rien, sinon quelques misérables tombeaux où veulent encore être ensevelis des indigènes originaux, comme si, en vue des Pyramides, ils recueillaient encore un reflet de la gloire des Pharaons. Il nous semble vraiment que les Pyramides ont été élevées à l'entrée de cette immensité de sable comme pour servir à la vie et aux moissons de barrière infranchissable.

Avant de descendre, je veux écrire au crayon quelques cartes postales à mes parents et à mes amis ; qu'elles leur disent que bien loin d'eux leur souvenir et celui de la patrie restent toujours présents à mon cœur.

La descente est plus périlleuse et plus fatigante peut-être que l'ascension, mais il me semble que je descendrai plus facilement sans le secours de mon guide arabe, et je refuse ses services ; cette manière d'agir le rend furieux : peut-être a-t-il peur d'être privé de son baghchich. Enfin je parviens en bas ; le P. Baud me rejoint presque immédiatement, et nous nous réconfortons au moyen d'un café bien chaud.

Une visite aux Pyramides a nécessairement pour complément une promenade au *Père de l'épouvante,* le Sphinx. Il n'est situé qu'à 500 mètres de la grande pyramide, mais des chameaux y transportent à volonté les pèlerins, et nous ne voulons pas perdre cette occasion d'essayer ces véhicules d'Orient ; nous faisons prix avec un chamelier, et il oblige ses chameaux à se mettre à genoux pour que nous puissions nous installer facilement sur leurs robustes échines. Quand on est assis, l'animal fait entendre un sourd mugissement et il se relève avec lenteur ; d'abord les pattes de derrière se redressent, et le malheureux voyageur qui n'est pas averti à l'avance, se sentant projeté en avant, pousse involontairement des cris de frayeur, mais sa monture se relève complètement et commence sa marche monotone et saccadée qui cause au cavalier la même impres-

sion qu'un navire ballotté par le tangage. Heureusement, l'effet produit n'est pas aussi désastreux
pour l'estomac que sur le pont du *Poitou,* et nous
arrivons au pied du Sphinx, où nous retrouvons
notre compagnon de route tranquillement assis à
l'ombre gigantesque du dieu antique : il écrit ses
notes de voyage en nous attendant.

Ensemble, nous admirons Abou-el-Hoûl, comme
l'appellent les Arabes ; il est effrayant de proportions. Pour mieux en juger, il faut descendre à ses
pieds. Naturellement, plus l'on descend, plus le
géant s'élève, et l'impression qu'il inspire dans sa
majestueuse attitude devient plus écrasante.

L'avouerai-je, nous éprouvons une déception à
la vue de ce géant dont nous nous étions fait une
plus haute idée. Peut-être, autrefois, quand les
sables ne l'avaient pas envahi, lorsqu'une allée
d'autres sphinx conduisait jusqu'au *Père de l'Epou-
vante,* avait-il une effrayante majesté ; aujourd'hui
cette tête émergeant seule des sables qui l'entourent,
écrasée par les pyramides qui l'environnent, nous
paraît bien au-dessous de sa réputation. Quoi qu'il
en soit, ce crâne d'homme établi sur un corps de
lion et mutilé par le fanatisme arabe, possède
encore un reste de noble fierté. Sa hauteur au-dessus
du sol est de 20 mètres. Autrefois, entre ses pattes
mollement allongées sur son piédestal, les peuples
avaient élevé un autel. Nous nous demandons si on
a porté là le dieu à griffes de lion pour garder les

tombeaux des rois ; c'est possible, sa pose est celle de quelqu'un qui écoute et surveille l'immense solitude.

Le temple dit du Sphinx est auprès ; nous y descendons par un passage aboutissant à une cour au-delà de laquelle se trouvent différentes salles séparées par des blocs de granit et d'albâtre mesurant parfois 6 mètres de long et 2 mètres de haut. Comment est-on parvenu à remuer ces masses si habilement appareillées ? C'est la grande question que se posent les architectes en examinant ces blocs gigantesques qui constituent et les temples du Sphinx et les pyramides elles-mêmes. Il est certain que les anciens avaient des moyens de transport et des principes de mécanique qui nous sont complètement inconnus.

Nous jetons un rapide coup d'œil sur ces salles étranges et nous revenons au bas de la grande pyramide, perchés sur nos originales montures. Chemin faisant, nous admirons la seconde et la troisième pyramide ; cette dernière nous paraît plus élégante que les autres ; c'est, du reste, le sentiment de Pline. Elle a été fouillée au temps des califes, et on y a trouvé un cercueil en bois doré qui portait le nom de Mycérinus.

Notre visite aux tombeaux orgueilleux des puissants Pharaons est terminée ; nous remontons en landau, et bientôt, par une chaleur torride, nous arrivons à l'entrée du musée de Boulacq et nous pénétrons dans les jardins.

Devant le palais, nos regards se portent d'abord
sur un monument funéraire qui est celui d'un Français. A l'ombre de quelques arbres, et entouré de
couronnes d'immortelles, Mariette, le grand égyp-
tologue de notre patrie, repose de l'éternel sommeil
auprès du vaste musée qu'il a créé. Devant le mausolée, quatre des sphinx déterrés par lui à Sakkarah
semblent monter la garde. Nous nous agenouillons
un instant, avec plusieurs pèlerins, sur la tombe
de ce savant mort en chrétien, et nous entrons dans
l'enceinte du magnifique jardin qui entoure le
musée. Nous sommes émerveillés de cette végétation orientale si luxuriante et si belle. Des allées
ombragées, des grottes charmantes, des collines
artificielles, d'élégants ponts suspendus font de ce
parc une des plus belles promenades que l'on
puisse voir.

Nous devions déjeuner sous les ombrages du
jardin de Gizeh, mais il était difficile, au milieu de
ce labyrinthe de parterres et d'allées, de trouver
l'endroit où l'hôtel d'Orient avait disposé notre
repas. Il se rattache à ce déjeuner une assez curieuse
coïncidence. Nous avons dit que nous étions en
Ramadan, c'est-à-dire dans le carême musulman.
Or, pendant ce temps sacré, manger en plein air
constitue un délit puni par les lois du pays. Plus
forte est la peine lorsque ce délit est commis dans
les jardins mêmes du khédive. Il y a quelques
jours, lorsque les hôteliers organisaient la réception

du pèlerinage, ils vinrent faire part de cette difficulté au directeur des Frères de Koronfish. Celui-ci demanda une permission au chef de la police du Caire, mais ce fonctionnaire ne crut pas pouvoir prendre sur lui une pareille responsabilité, et le bon Frère Angelême dut aller trouver le khédive lui-même qui lui accorda la permission demandée. Nous avons donc pu rompre le jeûne du Ramadan avec dispense du chef de l'Etat.

Notre déjeuner est installé dans une ravissante grotte établie artificiellement dans les jardins réservés. Il est difficile d'imaginer un repas plus pittoresque ; dans la vaste grotte toute ornée de plantes exotiques, couverte de fleurs, et décorée avec profusion d'ornements orientaux, coule doucement une petite rivière dont la source tombe avec bruit du plafond de la grotte. Des stalactites et des stalagmites artificielles ornent la voute ; sur les bords du ruisseau sont établis des sièges rustiques où nous trouvons des assiettes, un verre, et tout ce qu'il faut pour déjeuner. Pendant notre repas, des cygnes blancs comme la neige et d'autres oiseaux aquatiques viennent se disputer les miettes que nous lançons dans le ravissant cours d'eau de la grotte. Le souvenir de ce lunch champêtre, à l'intérieur de cette grotte féerique, restera comme un des plus poétiques souvenirs de notre voyage d'Orient.

Après le déjeuner, nous visitons le fameux musée de Gizirah. Un magnifique palais renferme les

trésors archéologiques rassemblés par M. Mariette,
et sert en outre de maison de campagne au khédive.
Ismaïl-Pacha a dépensé pour le faire bâtir la
bagatelle de 12 millions.

Quand on a visité le musée du Louvre, les galeries
du Vatican et les curiosités de Naples et de Pom-
péi, les merveilles de Boulacq sont bien ordinaires.
Que les savants se livrent, au milieu de ces anti-
quités, à leurs études approfondies, que les exégètes
y trouvent des compléments aux affirmations de la
Bible, je le comprends, mais pour nous qui venions
en pèlerins et en touristes, nous passions rapidement à travers ces immenses salles remplies de
momies anciennes et de sphinx antiques. J'avoue
cependant que j'éprouvais une impression étrange
en songeant que je me promenais au milieu des contemporains de Joseph, ministre des Pharaons, et
de Moïse, le libérateur d'Israël. Je m'arrêtais avec
le P. Baud auprès du sarcophage de Ramsès II,
pour examiner les restes de celui qui fut le grand
Sésostris. Sa bouche et sa tête fièrement tournées
ont gardé l'attitude du commandement et du défi.
Quelques cheveux blancs tiennent encore à ses
tempes et à sa nuque.

Il y a, dans ce musée, d'immenses vitrines où
s'étalent les différentes parures des princesses du
temps passé. D'après ce que nous voyons, il me
semble que les anciens Egyptiens connaissaient
bien l'orfèvrerie, et ce qui a été fabriqué il y a

3,000 ans en Egypte ne déparerait pas les écrins d'un bijoutier parisien.

Nous avons bientôt assez de toutes ces momies, de ces sphinx et de ces curiosités antiques, et nous cherchons notre landau pour revenir au Caire.

M. l'abbé Roca, vicaire général de Perpignan, veut bien accepter une place dans notre voiture, et nous revenons avec lui à l'hôtel d'Orient.

Sur le point d'abandonner cette curieuse cité du Caire, je désire encore une fois m'y promener seul, et j'abandonne mes compagnons. Je rentre d'abord dans les magnifiques jardins d'Esbekieh. C'est un bosquet délicieux, sorti de terre en moins de vingt ans. Il a été planté sur les alluvions du Nil, qui, périodiquement, venait créer ici un détestable marais. Dans cette promenade dessinée à l'instar des jardins publics de nos grandes cités, je remarque des baobabs de l'Inde qui se développent merveilleusement ; j'admire aussi le santal, le bambou, le caoutchouc, le cocotier, le bananier, et certains arbres bibliques tels que le pistachier, le caroubier et le sycomore. Un nombreux public se promène dans les allées sinueuses de l'Esbekieh ; beaucoup d'enfants conduits par de grands nègres couverts de riches vêtements ou portés sur les bras de nourrices vêtues à l'Européenne. Tous les promeneurs me regardent attentivement ; les uns paraissent étonnés, les autres saluent. Deux petites fillettes de cinq ou six ans se détachent d'un groupe d'enfants pour venir me réciter un petit discours arabe auquel je ne comprends pas un traître mot ; elles supposent peut-être que tout homme doit savoir la vieille langue de l'Orient. Je ne puis que leur faire des gestes et des sourires d'assentiment, et elles se retirent fort désappointées.

A la porte du jardin, je me trouve sur un large boulevard où règne une grande animation : c'est l'heure où les habitants du Caire se hâtent vers leurs demeures pour le repas du soir. Dans de magnifiques voitures de gala sont assis les grands dignitaires et les riches du Caire qui viennent de la campagne ; leur landau est généralement précédé de deux ou trois *cavas*. Les cavas sont des valets richement habillés ; ils ont l'épée au côté, et dans les rues ils précèdent leurs maîtres et font ranger la foule au moyen d'un grand bâton avec lequel ils frappent impitoyablement ceux qui les gênent. Ce curieux usage n'est pas nouveau : on voit dans la Bible que les anciens rois d'Orient et les personnages d'Egypte étaient toujours précédés d'un ou de plusieurs serviteurs annonçant bruyamment leur passage.

En retournant à l'hôtel d'Orient, j'admire tout autour des jardins de l'Esbekieh les nombreux baudets qui attendent, sellés et bridés, les promeneurs attardés. L'âne du Caire est renommé : il mérite sa réputation. Il est dans cette ville curieuse le meilleur moyen de locomotion et le plus usité. Les consuls, les grandes dames, les pachas, le khédive lui même vont sur des baudets. Il est vrai qu'on les soigne en Egypte avec un soin jaloux. Dès leur bas âge, on leur lie les oreilles pour qu'ils s'habituent à les porter droites ; on serre fortement avec des bandelettes leurs mollets et leurs genoux pour assurer la fermeté de leur démarche. On les nourrit de barcim ; bref, on les traite avec des soins touchants.

Je retrouve à l'hôtel l'aimable prêtre cophte qui vient nous offrir ses compliments d'adieu. Il nous donne ses commissions pour le tombeau du Sauveur : si le Ciel, comblant ses désirs, permet qu'un jour il puisse venir en France, il nous promet sa visite en Vendée.

CHAPITRE VI

D'ÉGYPTE EN PALESTINE

Départ du Caire. — La terre de Gessen. — Le désert. — M. Coullaud. — Ismaïlia. — Le canal de Suez. — Un coucher de soleil. — Port-Saïd. — Rêverie. — Adieux à l'Egypte. — Une nuit à bord. — Première apparition de la Terre-Sainte. — Souvenirs bibliques. — Le débarquement. — Caïffa. — Ascension du Carmel. — Vue magnifique. — Une soirée d'Orient.

Le mercredi 22 avril 1891, dès 5 heures du matin, les pèlerins abandonnent leurs hôtels ou la maison hospitalière des bons Frères et ils affluent vers la gare. Au moment du départ, les élèves du pensionnat de Koronfish sont là nombreux : ils acclament les pèlerins ; nous acclamons l'Egypte et les chers Frères. A 6 heures 1/2, le train spécial se met en marche, et on entonne le *Magnificat* que tous nous chantons à pleine voix. Nous suivons jusqu'à Benhâ le même trajet qu'à notre arrivée au Caire, mais bientôt nous abandonnons la ligne d'Alexandrie et nous entrons dans le pays qui fut, croit-on, la terre de Gessen. Quelle fertile contrée, quelle admirable fécondité ! Nous dépassons des champs admirablement cultivés ; les buffles, les chameaux se retrouvent partout aidant les fellahs dans les travaux de l'agriculture. Nous nous arrêtons quelques minutes

MER
JERUSALEM
EL KUDS
MARE MORTUUM
MER MORTE
Mer Salée
el Zian
Presqu'ile
Ramleh
Luca
Ghazzah (Gaza)
El Khalil
Hebron
Kerek (Kerak)
Kur Moab
Rabba (el Moab)
Riha
Beit Karm
Madeba
Main
Dhiban
Ascalon (Ashkelon)
Bureir
Tell Scheriah
Tib
ATLANTIQUE

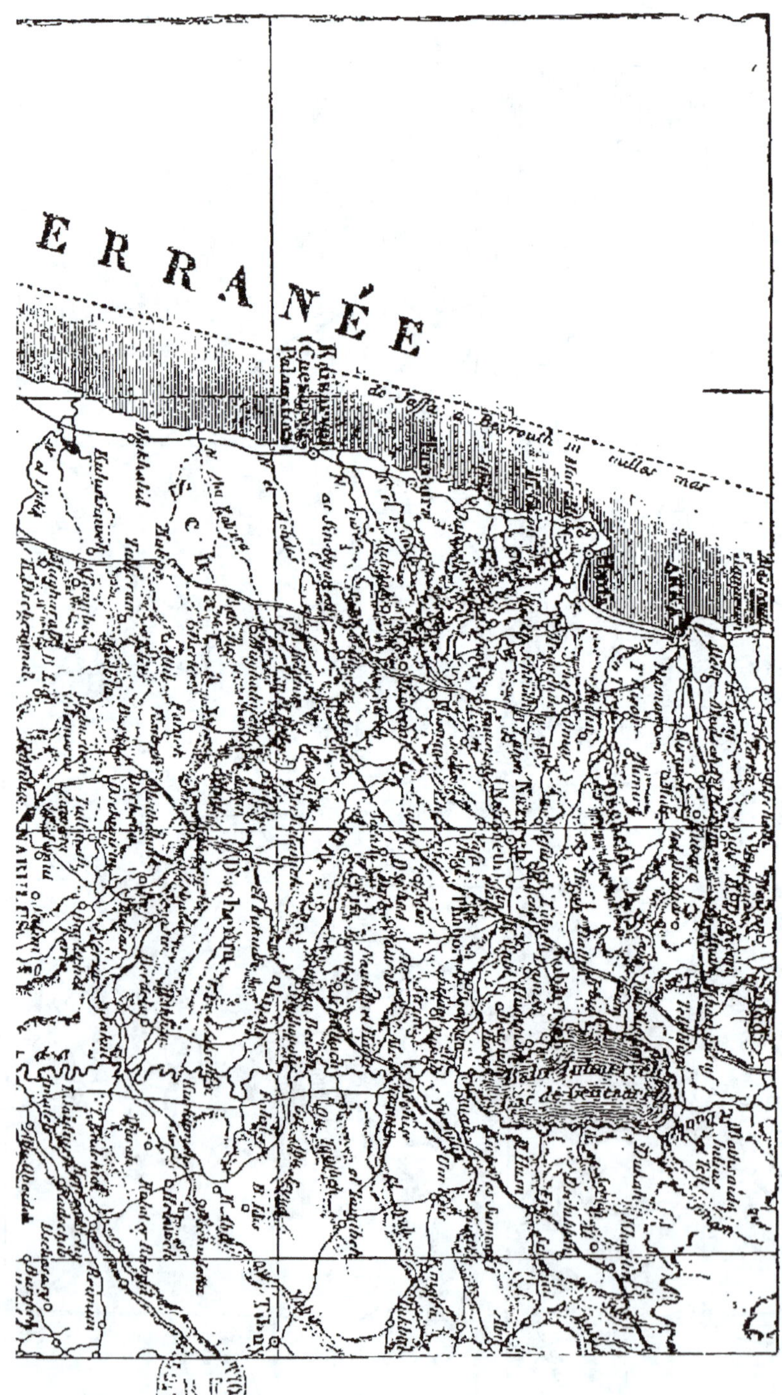

ERRANÉE
de Jaffa à Beyrouth
mellor mar
lac de Génésareth
TINE

à Zagazig, station voisine des ruines de l'antique Bubaste. Un Français, M. Naville, y dirige des fouilles intéressantes ; il espère arriver à des résultats qui pourront éclairer les égyptologues dans leurs travaux.

A partir d'Abou-Hamad, la fertilité et les cultures disparaissent peu à peu ; nous voilà en plein désert ; à droite et à gauche nous ne voyons que du sable brûlé par le soleil et produisant une réverbération très pénible. Pour passer le temps, chacun se dispose à déjeuner avec le sac de provisions emporté du Caire. Nos wagons égyptiens offrent à ce moment un curieux spectacle, mais la gaieté et la bonne humeur accompagnent toujours les pèlerins.

Il est midi, nous arrivons à Ismaïlia. Dans cette ville, je devais rencontrer M. Coullaud, sous-directeur des travaux du Canal et ingénieur fort distingué. M. Coullaud a une partie de sa famille à Fontenay ; il est l'oncle d'un de mes élèves. Je lui apporte des nouvelles de ses parents et je lui ai écrit du Caire pour lui annoncer notre passage. Il est aimablement venu à la gare, et nous faisons rapidement connaissance.

Malheureusement il faut se hâter et nous rendre le plus rapidement possible à l'embarcadère où nous attendent deux petits vapeurs de la Compagnie pour nous transporter à Port-Saïd. Il fait une chaleur tropicale. Nous traversons Ismaïlia ; c'est une ville moderne, créée depuis les travaux du canal. La plupart des habitants sont des Européens, Français ou Anglais, employés de la Compagnie. M. Coullaud me conduit aimablement jusqu'au bateau ; il me témoigne son regret de ne pouvoir me posséder plus longtemps afin de faire plus ample connaissance. Je le regrette moi-même vivement, mais il faut partir.

A une heure, les bateaux se mettent en marche. Nous sommes entassés les uns sur les autres, sans sièges pour nous reposer : et nous avons la perspective de rester huit heures sous un soleil brûlant, pour arriver par le canal à Port-Saïd. On prend son parti bravement et on organise des jeux de société pour faire passer le temps plus agréablement. Rien ne vient charmer nos regards pendant ce long trajet. Le désert d'Afrique à gauche, celui d'Asie à droite, s'étendent l'un et l'autre à perte de vue et rendent le parcours très monotone. Nous apercevons cependant, de temps à autre, de grands steamers français et anglais, et d'immenses dragues admirablement organisées.

Vers 8 heures du soir, nous jouissons de ce spectacle grandiose du soleil d'Orient se couchant magnifique dans les sables du désert.

Quel travail a dû coûter cet immense canal sous un ciel de feu dans ce désert aride et triste ! Le canal a 160 kilomètres de longueur ; généralement sa largeur est insuffisante pour permettre aux gros navires de se croiser, mais il y a des endroits de garage, et les vaisseaux qui remontent vers Port-Saïd se rangent pour laisser passer ceux qui descendent vers Suez. La petitesse de notre vapeur ne nous oblige pas à ces arrêts, et nous arrivons avant les autres à l'embouchure du canal.

Nous sommes dans la rade de Port-Saïd vers 8 heures 1/2 ; elle est éclairée par un magnifique phare électrique. Notre modeste vaisseau vient accoster le *Poitou ;* nous y remontons avec plaisir : au moins nous y serons plus à l'aise. A 9 heures, nous nous mettons à table, et vers 11 heures du soir seulement le paquebot lève l'ancre et part tranquillement par une nuit splendide.

Je vais m'asseoir à l'arrière, dans un coin, et comme j'ai rêvé en arrivant à Alexandrie, je veux m'isoler et rêver encore en abandonnant cette vieille terre d'Egypte. Le ciel est constellé d'étoiles, la température est douce, la mer est d'huile ; à peine si le battement de l'hélice me rappelle que je vogue sur les flots. Il fait bon rêver. L'avouerai-je, l'Egypte me laisse l'impression d'un pays sans dignité et sans souci de sa gloire passée ; les monuments que nous y avons visités glorifient l'égoïsme et l'orgueil ; aucun n'est élevé à la mémoire d'un conquérant ou d'un fait historique quelconque ; les peuples qui l'ont habitée n'ont connu que des maîtres ; encore aujourd'hui, ceux qui y vivent semblent ignorer ce que c'est que la Patrie. Quoi qu'il en soit, je garderai de ce pays célèbre, de bons, de durables souvenirs ; et dans cette belle nuit, en voyant disparaître les phares et les lumières de Port-Saïd, mon regard se lève vers la voûte azurée des cieux, et je remercie avec ferveur le Dieu de miséricorde qui m'a permis de visiter les splendeurs antiques de la terre des Pharaons.

Il est minuit ; il faut s'arracher aux charmes de ces douces rêveries et retrouver son étroite couchette. Demain matin nous verrons la Terre-Sainte.

Le lendemain, le soleil se lève radieux : il veut éclairer notre bonheur ; tous les prêtres ont la joie d'offrir le Saint-Sacrifice dans la chapelle flottante ; une grande animation règne ensuite pendant la matinée sur le pont du *Poitou* ; chacun prépare ses bagages pour les différentes directions : Nazareth, Tibériade et la Samarie.

Mais bientôt on signale la Terre-Sainte. Un *Magnificat* solennel retentit de tous les côtés à la fois. Nos cœurs sont remplis de joie. Pourquoi donc cette terre nous semble-t-elle la patrie ? On n'y parle pas notre langue ; on n'y connaît guère nos mœurs et notre civilisation ; ceux qui l'habitent ne nous aiment pas. Pourquoi les brises embaumées des sommets charmants du Carmel nous font-elles tressaillir comme si elles apportaient les parfums de la France ? Qui nous fait citoyen de ce pays barbare et lointain ? C'est la religion ! C'est elle, en effet, qui crée les liens les plus serrés, les affections les plus fortes.

Nous étions là sur le pont du navire avec M. Boutin et le P. Baud ; nous nous faisions part de nos impressions profondes ; nous rappelions nos souvenirs personnels : il est si doux, dans les moments de grande joie, d'épancher dans un cœur ami ses sentiments et ses pensées intimes. J'avouai pour ma part que je n'avais pas éprouvé une émotion si forte la première fois que je suis arrivé à Rome. C'est que, si la cité des Papes est le cœur du christianisme, la Palestine est son berceau. Et nous nous rappelions les premiers récits qui ont charmé notre enfance sur les genoux de nos mères : les histoires du paradis terrestre, les épisodes de la Bible, et les consolants et divins mystères du saint Evangile.

Nous nous rapprochons du Carmel, et bientôt nous apercevons Caïffa. Vers midi, le *Poitou*, pavoisé à tous ses mâts, jette l'ancre à quelques brasses de la petite cité syrienne. Caïffa n'a pas de port ; les paquebots sont obligés de se tenir au large. Avant même l'arrivée de notre navire, une vingtaine de petites barques l'entouraient déjà pour nous conduire à terre. Nous disons au revoir au *Poitou*, et nous partons tous trois ensemble ; les vigoureux rameurs qui dirigent notre embarcation manœuvrent avec un entrain et une perfection remarquables ; en quelques minutes, nous arrivons au débarcadère, et notre première action, en foulant la terre, est de nous prosterner à genoux et de baiser dévotement ce sol béni de Palestine sanctifié par le passage du Sauveur.

Presque toute la population de Caïffa s'est transportée sur le quai pour assister à notre arrivée. Dans la foule, se trouvent le Supérieur des Frères des écoles chrétiennes, le Prieur du Carmel, le Frère Liévin et M. de Piellat dont nous aurons souvent l'occasion de parler, le P. Germer, supérieur de Notre-Dame de France, et des membres du clergé oriental. Tous nous accueillent avec sympathie, avec joie ; nous leur serrons les mains comme à de vieux amis. Le vice-consul français est là aussi précédé de son cavas. Le bonheur paraît sur tous les fronts, et pour ma part j'éprouve une indéfinissable et profonde émotion.

Nous entrons dans l'église catholique de Caïffa pour attendre les autres pèlerins et nous y former en procession. Le cortège suit le même ordre qu'à Alexandrie : en tête, la bannière du pèlerinage précédée de la croix ; puis, deux à deux, les dames, les laïcs, les prêtres, et enfin les deux évêques de Tulle et de Luxembourg. Les cantiques et les prières se suivent sans interruption ; partout, sur notre passage, dans la ville, les rues sont bondées d'habitants ; les enfants et les femmes sont perchés sur les terrasses de leurs maisons pour nous voir passer.

Pendant que la procession gravit le sentier abrupt et couvert de fleurs qui monte au Carmel, pendant que les échos de la chaîne du Liban répercutent les suaves mélodies de l'*Ave maris stella,* de l'*Ave Maria,* du *Laudate Mariam,* arrêtons-nous un instant et donnons quelques renseignements sur Caïffa.

Cette petite ville syrienne est bâtie en amphithéâtre au bord de la mer. Située au pied du mont Carmel, à l'extrémité de la baie de Saint-Jean-d'Acre, elle possède 6,000 habitants, et n'a que 1,730 catholiques; le reste est juif et musulman. Les Frères des Écoles chrétiennes ont un établissement qui ne date que de quelques années; mais déjà ils instruisent 200 élèves. Les Dames de Nazareth, congrégation française dont la maison mère est à Oullins, près Lyon, possèdent un couvent avec école et orphelinat pour les jeunes filles. Hors de la ville, se trouve une colonie prussienne qui compte environ 500 personnes.

Mais poursuivons notre course vers les sommets fleuris du Carmel. Le chemin montant et rocailleux que nous suivons laisse à gauche des rochers pittoresques et longe à droite des champs fertiles et bien cultivés dont les pentes conduisent jusqu'à la mer bleue; sur les flancs de la montagne, nous admirons des haies de cactus, des fleurs délicieuses et odoriférantes, des géraniums immenses, des lauriers roses superbes, des lys déjà fleuris, et toute cette végétation orientale qui inspirait jadis les prophètes de Dieu et qui fait encore aujourd'hui de cet endroit un des plus poétiques pèlerinages du monde entier.

Nous arrivons bientôt au couvent de Saint-Élie ; le drapeau français flotte sur la tour du monastère ; les moines nous attendent à l'entrée de leur église, et un *Te Deum* solennel retentit quand les pèlerins pénètrent dans ce sanctuaire, le plus antique de tous ceux de la Mère de Dieu. L'église est construite en forme de croix grecque : au fond se trouve la grotte du prophète Élie, dominée par le maître-autel auquel on parvient par un double escalier d'une quinzaine de marches.

Quand tous sont entrés dans la chapelle, un Père Carme français, d'une voix émue, nous souhaite la bienvenue, et nous recevons la bénédiction du Saint-Sacrement, que préside Mgr de Luxembourg.

Ensuite chacun prend possession de son campement. Ce n'était pas chose facile pour les religieux du Carmel de loger les 100 pèlerins français. Les bons moines ont disposé dans les corridors et sous les cloîtres de leur monastère des nattes et des paillasses, et chacun choisit sa couchette pour y passer la nuit. Mais un signal appelle les pèlerins au repas du soir. On se dirige vers une grande tente surmontée du drapeau français entouré des étendards de Jérusalem et du Pape. Cette tente, que chaque soir nous trouverons dans nos différents campements, à Nazareth, à Tibériade et dans la Samarie, mesure 50 mètres de long et 15 de large. Les tables, ou plutôt les tréteaux faisant l'office de tables, y sont dressés, et tous les pèlerins viennent prendre place autour. La sonnette invite au silence. Mgr de Tulle récite le *Benedicite* ; on s'installe. Le dîner n'est pas luxueux : les couverts sont en étain, la cuisine est faite à la mode arabe ; mais l'air du Carmel est si pur, il faut du reste nous habituer à tous les inconvénients extérieurs et à la vie des camps ; nous dévorons donc tout ce qui nous est offert. A la fin du repas, la sonnette retentit de nouveau, et le R. P. Bailly nous annonce que ce soir nous allons assister à l'embrasement du *Poitou*, et qu'un feu d'artifice sera tiré sur la dunette du bateau. Le capitaine Iperti et l'excellent docteur du bord sont à la table des évêques ; ils ont bien voulu venir partager notre repas.

Le R. P. Directeur nous lit ensuite une dépêche du T. R. P. Picard, annonçant que tout va bien en France, et que nos télégrammes sont parvenus à destination. On applaudit à cette communication de notre pays, et on crie : Vive la France ! Le P. Bailly lit ensuite deux lettres excellentes qui nous annoncent qu'à Jérusalem on nous attend impatiemment. Nous voulons les citer en entier, elles prouveront avec quelle impatience et quelle joie le pèlerinage est attendu à Jérusalem.

La première est de M. Ledoulx, consul général de France en Palestine :

Jérusalem, le 18 mai 1891.

Très Cher et Très Révérend Père,

Le gracieux télégramme que vous m'avez fait l'honneur de m'adresser d'Alexandrie m'a appris l'heureuse arrivée du Xe Pèlerinage français, en Egypte. Je me suis empressé de le communiquer à tous nos établissements, qui en ont ressenti comme moi le plus grand plaisir.

Toutes nos dispositions sont déjà prises, et l'accueil le plus cordial et le plus chaleureux vous est réservé dans la Ville Sainte, où vous nous apportez, comme les années précédentes, le souvenir réconfortant et les encouragements de la mère patrie.

Nous nous félicitons de saluer dans vos rangs NN. SS. de Tulle et de Luxembourg, auxquels je vous prie de vouloir bien présenter nos hommages respectueux, et dont la présence, en rehaussant l'éclat du pèlerinage, témoigne de la façon la plus flatteuse de la sympathie et de la considération qu'a su acquérir l'œuvre entreprise avec autant de patriotisme que de piété par les Pères Augustins de l'Assomption.

Vous pouvez être assuré, mon Très Révérend Père, que mes vœux les plus sincères continueront à vous accompagner pendant tout le reste de votre voyage.

Veuillez agréer, Très Cher et Révérend Père, l'assurance de mes sentiments les plus distingués et dévoués.

Le Consul général de France en Palestine,
LEDOULX.

La seconde lettre est du R. P. Jérôme, vicaire custodial des Franciscains de Terre-Sainte :

Jérusalem, le 16 avril 1891.

Mon Révérend Père,

Dites à nos chers pèlerins que les Pères Franciscains se feront un devoir de leur faciliter par tous les moyens possibles leur séjour en Terre-Sainte, et qu'ils peuvent compter sur tout leur dévouement.

Je suis heureux, mon Révérend Père, comme religieux et comme Français, de vous féliciter des progrès toujours croissants de cette œuvre admirable que vous avez entreprise sous les auspices de mon zélé prédécesseur, et qui produit, dans nos contrées, un bien incontestable, même parmi les infidèles.

Dans l'espoir de vous voir bientôt à Jérusalem, veuillez agréer, mon Révérend Père, l'expression de mes sentiments les plus respectueux.

Frè JÉRÔME,
Vicaire et Délégué custodial de Terre-Sainte·

Après le dîner, chacun se rend sur la terrasse dominant la Méditerranée, devant le monastère ; il fait une de ces nuits féeriques d'Orient, où tous les paysages revêtent les plus belles teintes et les aspects les plus mélancoliques et les plus beaux.

A la pâle clarté de la reine des nuits, on voit nettement la carène du *Poitou* se détacher sur le bleu sombre de la mer. Derrière lui on aperçoit les lumières de Saint-Jean-d'Acre, et devant, celles de Caïffa. Soudain, un feu de bengale rouge éclaire merveilleusement notre cher paquebot ; puis, de tous les côtés à la fois, partent des fusées et des pièces d'artifices qui font l'étonnement des Arabes. Nous-mêmes nous sommes enthousiasmés par ce spectacle nouveau et nous acclamons la France, Jérusalem, les Pères Carmes et le commandant du *Poitou*.

Mais il est tard, le feu d'artifice est terminé, il est temps de songer au sommeil. Demain, les messes commenceront de bonne heure. Chacun rejoint sa paillasse, et l'on s'endort tant bien que mal au milieu des ronflements tantôt aigus, tantôt graves de ses voisins.

CHAPITRE VII

LE CARMEL

On dort bien mais vite sur les nattes du Carmel. Dès 3 heures du matin, nous sommes debout pour célébrer nos messes. J'offre le Saint-Sacrifice dans la chapelle du couvent, sur un autel portatif, à l'entrée de la grotte du prophète Elie.

Après nos messes, nous nous promenons dans le couvent avant l'office pontifical qui doit être célébré à 8 heures.

Vers 6 heures du matin, nous allons nous asseoir, mes compagnons et moi, sur la terrasse du Carmel, à l'ombre d'un magnifique olivier, et nous contemplons la vue idéale du golfe de Saint-Jean-d'Acre, baigné ce matin-là dans l'éclatante lumière d'un magnifique soleil levant. Cette baie célèbre a été comparée à celle de Naples : je préfère beaucoup cette dernière, mais il est vrai de dire que le ciel est d'un bleu plus beau qu'au pied du Vésuve, et que les flots, à cette heure matinale, revêtent des teintes dorées que n'ont pas les vagues d'azur de la baie napolitaine. A notre gauche se dressent les montagnes de la Galilée et de la Samarie, nues et sans arbres, mais le printemps les a recouvertes d'un gazon vert tendre de l'aspect le plus gai ; à droite, au-delà de Caïffa et de Saint-Jean-d'Acre, se perdant dans le bleu du ciel, nous admirons les teintes pourpres et violettes des montagnes du Liban, dont les cèdres grandioses et les beautés pittoresques ont été maintes fois chantés par nos Saints Livres. C'est devant cette vue magnifique que nous aimons à nous rappeler les phases de l'histoire du Carmel.

Cette montagne fut illustrée dans l'ancienne loi par le miracle d'Elie, qui fit descendre le feu du ciel pour confondre les prêtres de Baal et montrer au roi Achab et au peuple l'inanité des faux dieux et la puissance de Jéovah. Le soir de ce jour, le prophète aperçut une petite nuée qui s'élevait sur la mer. Cette nuée, comme le Carmel lui-même, que les écrivains sacrés appelaient la gloire du Liban, ont toujours été considérés comme des figures de la très sainte Vierge. Aussi, sur cette colline fameuse, les chrétiens bâtirent le premier sanctuaire en l'honneur de Marie.

Aussitôt après la résurrection de Notre-Seigneur, les solitaires du Carmel embrassaient l'Evangile. Les successeurs d'Elie et d'Elisée donnèrent ainsi naissance à une communauté chrétienne ; dans la suite, elle devint *l'ordre du Carmel,* qui se glorifie d'avoir Elie pour fondateur. Plusieurs fois dévasté par les Sarrasins, le couvent du Carmel fut rétabli à l'époque des croisades. Après la défaite des croisés, les religieux furent massacrés et le couvent resta désert jusqu'en 1631. A cette époque, il fut reconstruit, et les ennemis du nom chrétien le détruisirent de nouveau en 1799. Les bâtiments actuels datent de 1827 : telle est, en quelques lignes, l'histoire de ce monastère, le plus vaste de tous ceux de la Palestine.

Mais la cloche nous appelle à l'office pontifical ; nous entrons dans la chapelle. Le maître-autel est surmonté de la statue de Notre-Dame du Mont-Carmel, et c'est au pied de l'image vénérée de la madone que Msr de Tulle célèbre les saints mystères. Pendant la cérémonie, l'orgue joué avec talent, nous fait entendre, parmi les jeux d'anches et les sons harmonieux des registres de récit, un singulier accompagnement de triangle, tambourin et clochettes.... l'orchestre est au complet, il n'y manque que la grosse caisse. Je suppose que cet instrument est de facture italienne, je me souviens en avoir entendu de semblables dans l'Ombrie ou dans les marches d'Ancône.

A l'Evangile, Mgr de Tulle prend la parole ; il nous avertit que nous ne devons pas faire ce consolant pèlerinage en touristes, mais en chrétiens croyants et sincères ; notre but n'est pas d'admirer les beautés plus ou moins grandioses de la nature, mais de prier et d'adorer Celui qui est venu sur cette terre bénie pour sauver le genre humain.

La messe pontificale achevée, les pèlerins sortent de la chapelle, et dans le jardin voisin ils trouvent une pyramide élevée à l'endroit où furent ensevelis les soldats français blessés à Saint-Jean-d'Acre.

Après le siège malheureux de cette ville, en 1799, Bonaparte avait abandonné les malades de son armée, et les ennemis les massacrèrent sans pitié. Les religieux du Mont-Carmel ont pieusement rassemblé leurs ossements, et ils reposent dans le jardin du couvent, sous une petite pyramide de pierre. Le 18 juin 1876, le commandant Grivel, à la tête de l'équipage de son navire de guerre, fit orner ce tombeau d'une croix en fer ciselé.

Les pèlerins entourent ce sépulcre qui recouvre les cendres de nos compatriotes ; on dresse un autel portatif contre le monument français ; un prêtre du pèlerinage célèbre le Saint-Sacrifice de la Messe pour l'âme de ces malheureuses victimes du fanatisme musulman, et quatre cents voix françaises chantent le *Parce Domine defunctis*.

Sous ce titre : *Un tombeau,* le poëte pèlerin déjà cité a raconté cette scène grandiose :

Vous qui dormez ici loin du pays de France,
Sur le Carmel fleuri baigné par les flots bleus,
Maintenant condamnés à l'éternel silence,
Vous êtes, sur ce mont, plus rapprochés des cieux.
Sur vos lits, la douleur vous torturait cruelle.
Napoléon vaincu regagne son pays,
La retraite est sonnée, aussitôt l'infidèle
Dirige son poignard sur vos membres meurtris.
Achever des blessés, ô merveilleux courage !
Durs fils de Mahomet, frappez, frappez encor,
C'est pour vous un bonheur, le bonheur du sauvage
Déchirant en lambeaux l'ennemi qu'il sait mort.
..... Les ossements épars sur la lande fleurie,
Ont été recueillis par de fidèles mains ;
Du Carmel, où l'on vient pour invoquer Marie,
Sublimes ossements, vous gardez les chemins....
Du fond de votre tombe, oh ! tressaillez, mes frères,
Car des Français sont là, vous couvrant d'un drapeau.
Celui de la patrie ! Ils disent des prières.
Émus et recueillis, pleurant sur un tombeau....
Seigneur, qui d'un coup d'œil embrassez la nature,
Les morts et les vivants, leurs travaux, leurs douleurs,
Donnez à ces martyrs le seul bonheur qui dure,
N'ont-ils pas, en souffrant, mérité vos faveurs ?

Dans la matinée, on visite les environs du Carmel ;
le Fr. Liévin nous accompagne. Ce vénérable religieux, qui doit être désormais notre guide, est un
beau vieillard de soixante à soixante-cinq ans. Sa
barbe blanche et sa haute taille lui donnent un air
très respectable. Enfant de Saint-François, il porte
la bure des Franciscains de Terre-Sainte ; Belge de
naissance, il habite la Palestine depuis plus de

trente ans, et il connait à merveille la Judée, la Galilée et Tibériade. Il est l'auteur de plusieurs ouvrages estimés sur les Lieux-Saints. Il monte à cheval comme un jeune homme, et supporte les longues chevauchées du désert et les chaleurs de la Samarie comme s'il avait encore vingt ans.

Nous suivons donc le Fr. Liévin et prenons un sentier qui descend vers la mer. En quelques minutes, nous arrivons à l'école des prophètes : elle est située dans une grotte attenante à un cimetière musulman. Cette grotte servait jadis de retraite à Élie et aux fils des prophètes, qui venaient y méditer les Saintes Écritures. D'après une tradition locale fort respectable, la sainte Famille, retournant d'Égypte à Nazareth en suivant la mer, s'y arrêta pour y prendre un légitime repos. Du temps des Juifs, elle servait de synagogue, et fut transformée en chapelle par les chrétiens ; mais depuis environ deux siècles, elle est entre les mains des musulmans, qui en ont fait une mosquée. La grotte est taillée de main d'homme ; elle a 6 mètres de haut, 11 de long et 7 à 8 de large. Les parois sont couvertes de noms et d'inscriptions écrites par les pèlerins en langues diverses.

La chaleur est accablante, et en sortant de la grotte des prophètes nous abandonnons la caravane pour aller nous asseoir au bord de la mer. Nous y trouvons un bon nombre de pèlerins. Quelques-uns prennent des bains ; nous les imitons ; nous restons ensuite assis mollement sur le sable de la plage jusqu'à l'heure du déjeuner. Un drogman chef qui nous a suivis nous donne quelques renseignements sur les côteaux qui surplombent la plage du Carmel. Il nous montre sur la colline voisine l'endroit occupé jadis par la ville de Calamon. Lorsque saint Louis partit pour la France, après avoir appris la mort de sa mère, une tempête l'obligea à prendre terre au pied de cette ville. Il en profita pour faire un pieux pèlerinage à Notre-Dame du Carmel.

Nous apercevons sur les flancs des coteaux les vaillants qui ont bravé la chaleur pour suivre le Fr. Liévin jusqu'à la vallée des Martyrs, où furent massacrés jadis un grand nombre de religieux Carmes, et jusqu'au couvent de Saint-Brocard, que les musulmans pillèrent en 1291 après le désastre d'Hattine. Près des ruines de ce couvent, sur un plateau, se trouve le jardin d'Élie. D'après la légende, un jour que le prophète passait par là, il demanda au jardinier de lui donner un melon. — Il n'y en a point, répondit celui-ci, ce sont des pierres que vous prenez pour des fruits. — Que ce soient donc des pierres, dit Élie. Et à l'instant tous les fruits du jardin furent pétrifiés. Autrefois, on trouvait sur ce plateau beaucoup de pierres qui avaient la forme de pommes, de poires, de melons. Aujourd'hui, les pèlerins n'en découvrent plus une seule.

Nous rentrons vers 11 heures au Carmel pour le

déjeuner. Après le repas commence une opération très importante qui doit durer une grande partie de l'après-midi. C'est le choix des montures pour les longues chevauchées de Nazareth, de Tibériade et de la Samarie.

On se divise par groupe. Nous faisons partie de celui qui a pour fanion le drapeau jaune, et nous avons la chance d'avoir pour chef M. Dupré-Latour, ancien pèlerin.

Nous choisissons nos chevaux ; opération délicate. Le P. Baud tombe sur une grande et forte bête dont il paraît content ; en raison de ma mine fluette et de mon peu de poids, je suis tyrannisé par plusieurs moukres (1) qui veulent me faire accepter leur monture ; enfin je fais choix d'un petit cheval arabe dont je n'ai pas eu lieu de me plaindre. M. l'abbé Boutin est fort embarrassé ; il désire un animal très calme ; il hésite, tous ceux qu'il examine ont l'œil vif et éclatant ; il craint leur pétulance et leur vivacité ; il se décide pour un vieux mulet inoffensif. Il nous l'amène triomphalement ; nous le félicitons de son choix.

Nous visitons ensuite le couvent lui-même et nous pénétrons dans la chapelle pour faire un pèlerinage à la grotte d'Elie. Nous avons déjà parlé de ce lieu béni, qui servit jadis d'asile à Elie et à Elisée.

---

(1) Nom donné en Orient aux conducteurs des ânes et des chevaux.

Il a été converti en une chapelle de 5 mètres de long sur 3 de large, et les catholiques, les hétérodoxes et même les musulmans y font des pèlerinages en souvenir des grands prophètes qui l'ont sanctifié.

Nous montons dans le monastère, nous parcourons les bibliothèques, les chapelles intérieures, et nous arrivons sur la terrasse, d'où la vue s'étend de tous côtés, sur les flots bleus de la Méditerranée et sur les montagnes verdoyantes de la chaine du Liban. Nous descendons ensuite et visitons successivement les jardins du couvent, le cimetière des moines et la chapelle de saint Simon Stock, située sur l'emplacement d'une grotte habitée jadis par des religieux.

Mais voici l'heure du repas du soir, le signal du P. Directeur se fait entendre ; nous nous hâtons vers la grande tente ; le dîner commence, plein d'une gaité franche et communicative. A la fin du repas, les jeunes gens chantent sur des airs connus des chansons de circonstance, dont les refrains faciles à retenir sont repris en chœur par toute l'assemblée. Il en sera de même, chaque soir, jusqu'à Jérusalem.

Après le dîner, je rencontre un pèlerin, mon ancien condisciple de Rome à Santa-Chiarra, et ensemble nous allons nous asseoir à une certaine distance du couvent, sur un pic élevé dominant d'un côté la mer, de l'autre la vallée que demain nous suivrons pour gagner Nazareth ; le bruit des cantiques des pèlerins arrive jusqu'à nos oreilles ; du côté opposé, les habitants de Caïffa chantent aussi et semblent répondre aux mélodies pieuses du Carmel ; il y a dans la nuit si belle, dans l'éclat de la lune qui fait miroiter les ondes de la mer, dans le ciel bleu tout constellé d'étoiles, dans le calme de la nature, dans tout ce qui nous entoure, quelque chose d'indéfinissable qui porte l'âme vers Dieu et l'oblige pour ainsi dire à reconnaître sa puissance et sa bonté.

Nous restons là longtemps, rappelant parfois les chers souvenirs de la Ville-Éternelle, du Collège Romain et des environs de Rome, que nous avions parcourus ensemble pendant nos vacances du séminaire français, mais surtout gardant le silence pendant de longues minutes comme si nous avions peur de troubler la tranquillité de cette nuit d'Orient, comme si nous ne voulions rien perdre des odeurs enivrantes des plantes odoriférantes du Carmel, comme si nous voulions nous égarer dans nos souvenirs intimes et revoir en cette belle nuit, par la pensée et par le cœur, tous les endroits qui nous furent chers et tous les êtres aimés que nous avons laissés dans la patrie.

Quand nous rentrons au couvent, il est tard ; la lune cachée depuis une heure n'éclaire plus la baie, seul le phare du monastère répand dans la nuit une lumière vive et guide nos pas. J'ai oublié de dire, en effet, que le phare du Carmel, un des plus beaux de la Méditerranée, était confié par le pacha à la sollicitude des PP. Carmes, qui se trouvent ainsi, officiellement, les éclaireurs de cette côte d'Asie.

C'est à grand'peine que je puis retrouver ma couchette dans les cloîtres du couvent. Il me faut enjamber plus de cent paillasses avant d'arriver à la mienne, et comme l'obscurité est profonde, je manque souvent mon coup et j'écrase plus d'une fois la jambe d'un dormeur qui se réveille en sursaut et m'interpelle vivement ; je me garde bien de répondre et je parviens tant bien que mal à mon *buen-retiro*, entre le P. Baud et M. Boutin, déjà profondément endormis.

Le lendemain, de bonne heure, nous célébrons la sainte Messe ; à 4 heures 1/2 il faut déjeuner, à 5 heures sonne le boute-selle, et à 5 heures 1 2 le défilé commence. Nous disons adieu au Carmel, et nous garderons le plus précieux souvenir des deux journées que nous y avons passées.

Bientôt on reçoit l'ordre de partir. A ce moment décisif, notre malheureux confrère, l'abbé Boutin, a perdu son coursier. Le mulet tranquille et doux qu'il a eu tant de peine à découvrir hier soir a complètement disparu : on ne le retrouve plus. Les drogmans, interrogés, ne savent que répondre : force est au cavalier privé de son mulet de se mettre à la recherche d'une nouvelle monture, et il est

obligé de la choisir parmi celles que personne n'a
voulu. Il a la chance de trouver une jument borgne
qui n'a pas trop mauvaise apparence.

La disparition du mulet nous a retardés, et
nos compagnons du groupe jaune ont déjà fran-
chi les limites du couvent; je les rattrape en
quelques minutes; désigné pour porter le drapeau au départ du Carmel, je tiens à remplir mes
fonctions.

Le pèlerinage forme alors une cavalcade splendide. En avant, les quelques pèlerins ou pèlerines
que le cheval fatigue et qui espèrent être moins
secoués dans les pataches antiques que l'on décore
du nom pompeux de calèches. Ils sont une cinquantaine à peu près; ils ont avec eux S. G. Mgr de
Tulle, qui doit se contenter de l'excursion de
Nazareth.

A quelque distance s'avance la cavalcade proprement dite : En tête, le drapeau de la Patrie,
orné du Sacré-Cœur. Ensuite, l'avant-garde, composée de Mgr l'évêque de Luxembourg, de MM. les
vicaires généraux et chanoines, du R. P. Bailly et
de plusieurs jeunes gens, gardes du corps fidèles,
estafettes précieux qui iront de temps en temps
d'un bout de la cavalcade à l'autre porter les ordres
du Directeur. Les amazones s'avancent ensuite,
sous la direction du comte de Billy. Notre groupe
vient après, suivi des différentes escouades de la

Samarie ; puis les pèlerins qui veulent visiter Tibériade ; et enfin les moins vaillants, dont les courses s'arrêtent à Nazareth.

Le départ est silencieux ; chacun se recueille et examine sa monture ; quelques-uns ne sont pas très rassurés, et si vous avez le malheur de vous approcher trop près d'eux, vous vous apercevez promptement de leur inquiétude. Il semble que tous nous réfléchissons aux sages avis du bon Fr. Liévin. Il nous les a donnés hier soir avec son accent étranger et avec des licences littéraires que légitiment ses quarante années passées en Orient : « Il est défendu de *galôper ;* nous a-t-il dit ; si vous » *galôpez,* le pèlerinage ira mal. Il y en a qui » frappent le cheval. Ne frappez pas le cheval. Si » vous tenez à frapper, frappez plutôt la personne » qui *galôpe* et non la bête qui est dessous *(sic).* »

Nous avons tous compris, et personne n'essaie de frapper sa monture ; du reste, nous descendons à Caïffa par le rude sentier que nous avons gravi en arrivant au Carmel, et l'idée de faire galoper les chevaux dans ces casse-cou de la montagne ne vient heureusement à l'esprit d'aucun pèlerin.

Nous traversons Caïffa en récitant pieusement le chapelet ; nous allons de la Vierge du Carmel à la Vierge de l'Annonciation, et c'est avec bonheur que chacun murmure les pieuses paroles de l'*Ave.* De l'autre côté de la petite ville syrienne, le chemin

que nous suivons longe les flancs de la montagne,
et nous pouvons apercevoir le magnifique défilé du
pèlerinage. C'est une suite non interrompue de
costumes plus excentriques les uns que les autres.
Des burnous étranges, des manteaux blancs qui
tombent jusqu'aux pieds, des *couffiehs* sombres,
des couvre-nuque aux couleurs vives, des souliers
blancs ou jaunes, des ombrelles gigantesques vertes
et blanches : chacun a cru devoir s'habiller d'une
façon pittoresque.

Je me disais, en voyant l'air étonné des braves
gens qui nous regardaient passer, que chez nos
compatriotes de France nous produirions au moins
autant d'effet.

Cependant notre voyage continue, et la monotonie
de cette longue chevauchée sous un soleil brûlant
est rompue par plus d'un incident. Tantôt c'est un
personnage obèse qui écrase de sa masse un malheureux baudet ; tantôt c'est un cavalier novice qui,
perché sur le dos d'un robuste étalon, subit à son
corps défendant un temps de galop rapide et se
montre peu rassuré sur son sort ; tantôt, enfin, au
passage d'un ruisseau bourbeux, un âne ou un
cheval désireux de s'étirer les membres et de se
rafraîchir, se couche et se roule au centre du gué.
Alors, bain obligatoire pour le pauvre cavalier, que
le soleil, heureusement, sèche en quelques heures.

Nous laissons à droite un village druse environné
d'oliviers, de figuiers et de grenadiers. Il s'appelle

Balad-ech-cheich. C'est là que réside le grand-prêtre des Druses (1).

Après deux heures de marche, nous traversons le torrent du Cison ; le Fr. Liévin vient rappeler dans chaque groupe les gloires bibliques de ce torrent qui vit la confusion et le massacre des prêtres de Baal. En remontant la colline, nous pouvons, du reste, apercevoir le rocher du sacrifice et le lieu où les faux prophètes expièrent leurs crimes.

Vers midi, on s'arrête. Nous sommes à Simonich (Simonias), à l'endroit où les Romains voulurent surprendre l'historien Josèphe. Sous des ombrages charmants, dans une situation élevée d'où l'on aperçoit encore les flots bleus de la Méditerranée, nous trouvons un déjeuner servi. On nous donne des œufs et de la viande froide. L'eau et le vin ont été apportés dans des outres de peau de chèvre ; le pied de la chèvre sert de robinet à ce baril de cuir. Les fatigues de la première étape sont oubliées ; la gaieté règne partout. Nous échangeons avec nos compagnons de voyage nos impressions sur cette chevauchée. M. Boutin est content de sa jument borgne, le P. Baud est solide sur un fort cheval, et

______

(1) Les Druses reconnaissent un seul Dieu, mais prétendent vivre selon les seules lois de la nature. La polygamie et l'ivresse sont condamnées chez eux. Ils se réunissent chaque semaine pour prier ensemble. Ils vivent en bonne harmonie avec les musulmans.

pour ma part mon jeune pur sang arabe me donne certaines satisfactions : tout va donc pour le mieux. Ce repas pris sous l'ombrage des figuiers et des cactus, ces Arabes qui nous servent, drapés dans leurs robes orientales, ces paysages, ces pâturages, notre costume lui-même, tout nous fait songer aux patriarches. Il nous semble que c'est ainsi qu'ils vivaient, il y a quarante siècles, errant de ville en ville à travers ce pays trois fois sacré.

Mais il faut repartir. Chacun retrouve son cheval, se remet en selle et... en avant. Le paysage n'est plus le même : ce matin, nous cheminions à travers une belle et riche plaine ; ce soir, il faut escalader des montagnes escarpées et arides. La route n'existe pas : c'est un étroit sentier qui disparaît même complètement dans certains endroits. Nous traversons de magnifiques jardins entourés de cactus gigantesques qui peuvent avoir jusqu'à 6 ou 7 mètres de haut.

Il nous tarde d'arriver à Nazareth ; nous n'accordons que peu d'attention aux rares villages que nous dépassons sur notre route. Nous voici à Jaffa ou Yafia de Nazareth ; ce village, situé à quelques kilomètres de la cité de l'Annonciation, revendique avec raison, disent certains critiques, la gloire d'être la patrie de Jacques et de Jean, fils de Zébédée. Le patriarcat latin y a ouvert une mission il y a vingt ans, et déjà le village compte 300 catholiques. Les religieuses françaises du Saint-Rosaire y font la classe à 45 jeunes filles. Ces enfants sont sur la route au passage de la caravane. Elles viennent nous saluer avec leurs saintes institutrices.

Après Jaffa, on se forme en procession. Les chevaux semblent comprendre les ordres donnés à leurs cavaliers ; ils se mettent docilement en file indienne de chaque côté du chemin ; le chef de groupe marche en tête de son escouade, précédé du drogman qui porte le drapeau. Le pieux défilé s'étend ainsi sur une longueur de plusieurs kilomètres ; bientôt, à un détour du chemin, on aperçoit Nazareth ; tous les cœurs sont émus, et nous entonnons avec un enthousiasme incroyable l'entrainant cantique de Lourdes : *Ave Maria*.

Nous entrons ainsi dans la ville des Fleurs, l'âme pleine d'allégresse ; la population entière de la cité s'est portée au-devant de nous. Nous mettons pied à terre à l'église même de l'Annonciation, et nous entrons dans la basilique répétant toujours : *Ave Maria ! Ave Maria !*

———

CHAPITRE VIII

NAZARETH

Nous sommes dans la basilique de l'Incarnation : nous n'examinons pas le monument lui-même, nous tombons à genoux ; nous avons hâte de prier et de baiser ce sol béni consacré par le grand mystère de l'Incarnation. Quand tous les pèlerins ont pénétré sous les voûtes de la basilique, le P. Bailly s'avance à l'entrée du sanctuaire ; il commence à haute voix la salutation angélique, et tous ensemble nous continuons cette prière. Ah ! qu'il est doux pour un chrétien convaincu de répéter les suaves paroles du salut de l'Ange, à l'endroit même où le messager céleste est venu les adresser à la Vierge bénie. C'est en versant de douces larmes, larmes de joie et de bonheur, que nous redisons par trois

fois la prière de l'ange Gabriel, et dans ces *Ave Maria* les 400 pèlerins de pénitence font passer tout ce que leur cœur contient de piété, de confiance et d'amour.

On se rend ensuite au camp. La grande tente réfectoire qui nous a servi au Carmel a été transportée à dos de chameau ; elle est installée au centre d'un terrain vague qui sert probablement de champ de foire à Nazareth. Tout autour de la grande tente sont établies des tentes plus petites contenant deux, trois, quatre, cinq et sept lits. Nous choisissons une tente de cinq lits, où nous nous trouvons réunis tous les trois : le P. Baud, M. le curé de Saint-Etienne et moi. M. de Mauduit vient ensuite nous demander un des lits vacants, et enfin le cinquième est occupé par M. l'abbé Sauvebois, professeur dans le diocèse de Gap.

C'est encore un mystère pour moi de savoir comment ce volumineux matériel de tentes, de bancs, de tables, de batterie de cuisine et de literie a pu être transporté à dos de chameau ; comment chaque soir, à Tibériade et en Samarie, nous avons trouvé à notre arrivée le camp déjà établi et prêt à nous recevoir. En attendant, chacun s'installe ; les lits ne sont pas très larges, et il ne faut pas se tourner, autrement on risque d'être précipité par terre, et les moukres n'ont pas pris soin d'enlever les ronces et les épines qui décorent le plancher de la tente.

A 7 heures, la trompe du P. Directeur appelle tous les pèlerins pour le repas du soir. Au dessert, on nous annonce que cette première chevauchée s'est bien opérée ; malgré plusieurs chutes de cheval qui auraient pu devenir fort graves, nous n'avons à déplorer que quelques luxations sans importance.

A la fin du repas, nous chantons une charmante poésie composée sur Nazareth par un des membres de la direction, le R. P. Marie-Jules :

NAZARETH

1

Chers pèlerins, au vrai berceau du monde,
  Tous réunis
Sous le regard de la Vierge féconde,
  Chantons unis.

Refrain :

O Nazareth, à bon droit l'on t'appelle
  Ville des Fleurs !
Nos yeux ravis en te voyant si belle,
  Versent des pleurs.

2

Ici vécut la très pure Marie,
  Mère de Dieu ;
Son pied foula cette même prairie,
  Ce même lieu.

3

Ici Jésus dans les bras de sa Mère,
  Son ostensoir,
Bénit ces monts, ces jardins, cette terre,
  Fiers de le voir.

4

Ici Jésus forma sa main docile
Au dur métier.
C'est bien le fils, disait-on dans la ville,
Du charpentier.

5

Ici Jésus enseigna sa doctrine ;
Sa bouche d'or
Fit tressaillir l'écho de la colline
Et du Thabor.

Le P. Directeur donne ensuite les avis pour la journée du lendemain dimanche, et chacun se retire sous sa tente pour y chercher, en vain probablement, un sommeil réparateur. Nous disons en vain, parce que quand bien même les couchettes seraient très confortables (et en réalité elles le sont suffisamment pour que l'on puisse y reposer), le bruit que les Arabes font pendant toute la nuit empêche les pèlerins de goûter les charmes du sommeil. A peine, en effet, est-on sur le point de s'endormir vers 11 heures du soir, que les moukres qui finissent leur repas sont pris tout à coup de véritables accès de gaieté ; les pèlerins, fatigués, sont obligés d'entendre des chansons plus ou moins harmonieuses et d'une monotonie désespérante. Les Arabes n'entendent pas la musique comme nous l'entendons : leur échelle musicale n'est pas divisée en tons et demi-tons, mais bien en 6es ou 7es de tons ; leur gamme chromatique est curieuse.

Vers minuit, quand les moukres ont fini leurs chansons, ils donnent la nourriture aux ânes, aux chameaux et aux chevaux ; ces animaux cherchent alors par des cris plus ou moins désagréables à rivaliser avec les harmonies précédentes.

Vers 2 heures, le calme se fait, et on espère dormir, mais les prêtres pressés de célébrer la sainte Messe se lèvent déjà et réveillent leurs voisins ; tous ces désagréments accompagnés par les cris constants des chacals, par les conversations des tentes voisines, contribuent à rendre les nuits dans le camp moins monotones, mais aussi fort peu reposantes.

Il est 6 heures du matin ; tous les pèlerins se portent à la basilique de l'Annonciation. Après une heure d'attente, je puis offrir le Saint-Sacrifice dans une des nefs latérales. A 9 heures, Mgr Dénéchau célèbre la messe pontificale au maître-autel de la basilique ; après l'évangile, Sa Grandeur, dans une courte instruction, épanche ses impressions dans nos cœurs.

Après l'office, nous visitons le monument sacré élevé à l'endroit où s'accomplit le mystère de l'Incarnation.

En ce lieu béni, dès les premiers siècles du christianisme, l'empereur Constantin fit élever une basilique splendide. Pendant le siège de Jérusalem par les croisés, les musulmans saccagèrent le sanctuaire. En 1300, les Franciscains s'établirent à Nazareth et obtinrent la permission de bâtir une nouvelle église. Déjà, à cette époque, la maison de la sainte Famille avait disparu : elle avait été transportée miraculeusement par les anges en Dalmatie d'abord, et enfin à Lorette en Italie.

L'église franciscaine de l'Annonciation est belle, et cependant sans élégance; nous en faisons le tour pour admirer quelques sculptures, mais la crypte nous attire, et nous descendons sous le chœur élevé au fond de la nef du milieu. Nous comptons quinze degrés et nous nous trouvons dans la chapelle de l'ange qui correspond à la *Santa Casa* que nous avons vénérée en Italie. Cette maison, construite en maçonnerie, était adossée au rocher. Voici comment on explique cette position : les Orientaux ont toujours su tirer parti des grottes des montagnes en construisant une chambre ou deux accolées aux cavernes naturelles des rochers. Pour la maison de la sainte Famille, on avait, croit-on, suivi la règle commune. La *Casa* de Lorette était la partie de la demeure qui était adossée au rocher et la seconde partie restée à Nazareth est la grotte elle-même. Les deux fractions de la sainte maison peuvent donc également prétendre avoir été témoins de l'Incarnation.

Nous descendons encore deux degrés, et nous nous trouvons dans la grotte. Elle est divisée en deux parties : la première renferme un autel dédié à l'Annonciation ; au-dessus, on voit une plaque de marbre, sur laquelle est incrustée la croix de Jérusalem, et tout autour sont gravés ces mots : *Hic Verbum caro factum est* (Ici le Verbe s'est fait chair). C'est l'endroit précis où se trouvait la sainte Vierge lorsque l'ange lui annonça qu'elle serait la mère de Dieu. Nous tombons à genoux autour de cet autel et nous prions longuement Jésus et sa sainte Mère. Je prends la résolution de faire l'impossible pour venir demain célébrer le Saint-Sacrifice dans cet endroit béni.

Derrière ce sanctuaire se trouve une autre chapelle dédiée à saint Joseph ; l'autel est adossé à celui de l'Annonciation. Nous montons ensuite un escalier de treize ou quatorze marches qui s'enfonce de plus en plus dans la montagne et nous parvenons à une autre salle souterraine. Le peuple de Nazareth prétend que cette chambre obscure servait jadis de cuisine à la sainte Famille. Nous remontons à l'église par la sacristie des Pères Franciscains et nous retournons au camp. En attendant le déjeuner, pendant que le P. Baud cause avec notre drogman, que M. Boutin prend des notes, je considère le panorama de la cité qui s'étend sur les flancs de la montagne.

Nazareth est bâtie en amphithéâtre sur un coteau que surplombent d'autres montagnes verdoyantes. Vue du camp, elle présente un charmant tableau, avec ses maisons blanches et coquettes en apparence et sa basilique de l'Annonciation qui garnit

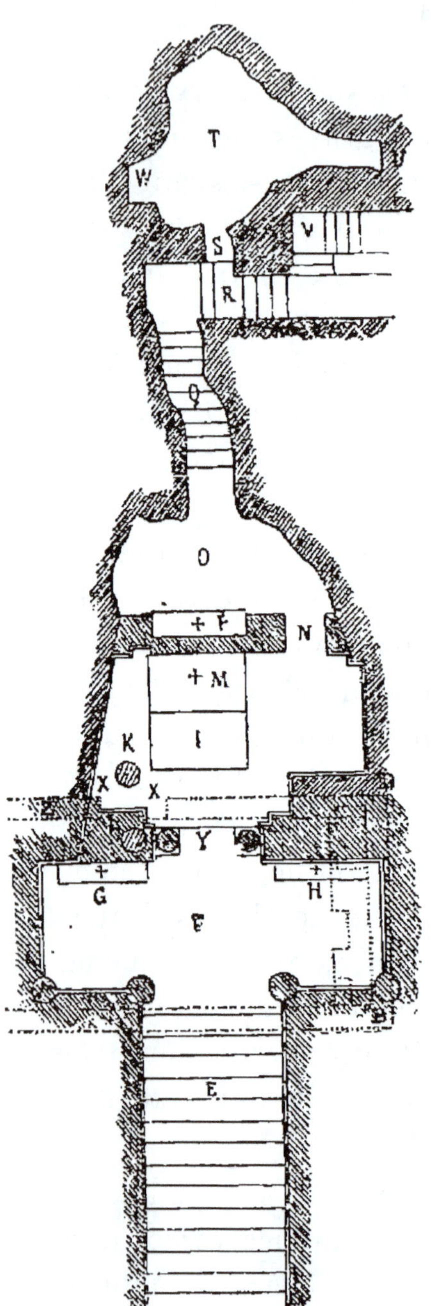

CRYPTE DE NAZARETH

(D'APRÈS LE FRÈRE LIÉVIN)

LÉGENDE

AB, CD, Lignes pointillées indiquant les fondations de la Maison de la sainte Vierge, actuellement à Lorette.

E Escalier de l'église à la crypte.

F Chapelle de l'Ange.

G Autel de saint Gabriel

H Autel des saints Joachim et Anne.

I Chapelle de l'Annonciation.

K Colonne brisée.

L Colonne engagée dans le mur.

M Autel de l'Annonciation.

N Porte de la seconde chapelle.

O Chapelle obscure.

P Autel de saint Joseph.

Q Escalier conduisant à la grotte T.

R Escalier de la grotte à la sacristie.

S Porte.

T Grotte, ancienne citerne.

XX Ancienne porte de communication entre la maison et la grotte.

(Echelle à 5 millim. par mètre.)

merveillement bien le premier plan. Le carillon de l'église se fait entendre ; il est répercuté par l'écho des montagnes ; il me semble que j'entends l'*Ave Maria* du ciel.

Je consulte mon Guide : Nazareth est placée à 310 mètres au-dessus de la Méditerranée. Sa population est d'environ 5,000 âmes : 1,200 sont musulmans, 700 grecs unis, 1,600 grecs schismatiques, 1,000 latins, 350 maronites et 150 protestants. La population nazaréenne est sage, laborieuse et surtout religieuse ; elle ne connait pas les honteuses débauches que l'on voit s'étaler cyniquement dans la plupart des villes d'Orient ; mais elle sait comme ailleurs demander aux étrangers, et justement autour de moi se trouvent en ce moment un certain nombre de femmes et d'enfants qui tendent la main et répètent à satiété : *baghchich, baghchich*. Sans même répondre à leur demande, je les examine : les femmes sont vêtues de la même manière que certaines gravures orientales et italiennes représentent la Mère de Dieu ; elles portent une sorte de peignoir blanc, et sur la tête ou les épaules un manteau de couleur jaune ou bleu ; ce costume est de très bon goût. La figure des Nazaréennes n'est pas voilée ; elles ont dans le regard une douceur qui pénètre. Quelques-unes de celles qui m'entourent portent un petit enfant dans leurs bras : je m'imagine ainsi Marie et son divin Fils ; mon esprit les suit encore sur cette place qu'ils durent

parcourir tant de fois. Mes regards se portent
ensuite sur les enfants : les petits garçons sont les
plus nombreux ; leur vêtement consiste en une
longue robe de couleur voyante attachée à la taille
par une ceinture de teinte différente : ils ont un
couffieh sur la tête ; ils ont l'air intelligent et bon.
La plupart sont catholiques ; ils sont élevés par les
Pères Franciscains, et comprennent un peu l'italien.
J'interroge le plus grand d'entre eux ; il me raconte
son histoire : son père est charpentier ; bientôt il
travaillera dans l'atelier de famille. Je lui demande
de me chanter quelque chanson arabe ; il accepte
volontiers ; le chant monotone qu'il exécute en se
dandinant n'a rien de bien beau ; c'est toujours cette
harmonie fade que présentent toutes les mélodies
arabes. Malgré tout, j'éprouve, en l'entendant, une
douce impression. Peut-être cette chanson, que je
ne comprends pas, date-t-elle de plusieurs siècles ;
peut-être Jésus la chanta-t-il lui-même, lorsqu'il
jouait avec les enfants de son âge sur cette même
place. Quand le jeune garçon a fini, il tend machi-
nalement la main pour recevoir son baghchich ; je le
lui donne volontiers, et il me baise la main pour
me remercier.

Après le repas de midi, nous allons visiter le
couvent des Sœurs de Saint-Joseph. Ces saintes
filles ont leur maison-mère à Marseille et se dévouent
surtout pour les œuvres d'Orient. Nous les retrou-
verons dans les principales villes de Palestine.

A Nazareth, elles ont un hospice où elles reçoivent tous les malheureux, sans distinction de religion, et une école où elles instruisent 180 petites filles.

Nous sommes très aimablement reçus par la Mère Supérieure, qui nous fait pénétrer dans un préau très frais où se trouvent déjà plusieurs pèlerins. Une Sœur nous apporte du sirop de violettes pour nous désaltérer. Cette liqueur qui nous est inconnue rafraîchit et laisse au palais un parfum délicieux. La Supérieure nous fait ensuite visiter les récentes fouilles qui ont mis à découvert au-dessous du couvent des ruines d'une étendue et d'un intérêt exceptionnels. Peut-être est-ce le lieu où se trouvait jadis la maison qui abrita l'adolescence de Jésus. En tous cas, des fûts de colonnes, des voûtes, des piliers, sont certainement le témoignage d'une ancienne église et d'une crypte remarquable par sa grandeur. Il est probable que ces ruines grandioses sont les restes d'une basilique bâtie dans les premiers siècles du christianisme et saccagée au xıı{e} siècle lors du pillage de la sainte cité.

Il est 2 heures : c'est le moment où tous les pèlerins doivent se réunir à l'église des Franciscains pour se former en procession et visiter ensemble les différents sanctuaires de Nazareth. Nous parcourons toute la ville ; nous traversons des rues étroites et mal pavées. Les Nazaréens, revêtus de leurs habits de fête, se sont portés en foule partout pour admirer le défilé du pèlerinage : les hommes sont coiffés de turbans aux brillantes couleurs ; les femmes ont leurs cheveux nattés et garnis de pièces de monnaie.

Nous allons d'abord à la Fontaine de la Vierge : elle est ainsi nommée parce que la fille de David s'y rendait pour y puiser l'eau nécessaire aux besoins de la sainte Famille. Les femmes de Nazareth sont nombreuses elles offrent à boire à chaque pèlerin.

Les deux prélats montent au-dessus de la fontaine et bénissent solennellement les assistants.

Nous passons ensuite dans *l'Atelier de saint Joseph* : c'est une chapelle bâtie à l'endroit même où le saint patriarche avait sa boutique et travaillait pour nourrir l'Enfant-Dieu et sa sainte Mère. Le lecteur s'étonnera peut-être que l'atelier du chef de la sainte Famille soit séparé de sa demeure ; mais, de tout temps, en Orient, les commerçants n'ont pas vendu leurs marchandises chez eux. Aujourd'hui encore, la plupart se réunissent dans un endroit particulier de la cité, appelé *bazar*. Là, chacun a sa boutique ; il y fait ses affaires dans le jour et la ferme la nuit pour s'en retourner chez lui.

L'atelier de saint Joseph, ou plutôt le sanctuaire bâti à son emplacement, est fort modeste ; il est badigeonné à la chaux et complètement dépourvu d'ornements. J'aime mieux le voir ainsi simple et modeste ; il peint mieux la pauvreté du glorieux patriarche qui l'habitait.

La procession se dirige ensuite vers une autre

chapelle qui renferme un bloc de rocher d'une taille gigantesque. On l'appelle *Mensa Christi* (Table du Christ). Une tradition rapporte que Notre-Seigneur, après sa résurrection, aurait fait un repas sur cette pierre avec ses disciples.

De là, nous allons visiter la *Synagogue*, où Jésus enseignait les Saintes Ecritures et discutait avec les docteurs de la loi. Ce sanctuaire appartient aux Grecs catholiques ; le curé nous reçoit solennellement à l'entrée du chœur, et dans un discours plein de délicatesse et d'affection pour la France, il nous souhaite la bienvenue.

Les Grecs catholiques font bâtir à côté de la synagogue une superbe chapelle qui servira de paroisse à Nazareth pour les fidèles de leur nation.

Nous passons ensuite à l'église des Maronites catholiques ; là aussi, le curé vient nous recevoir à la porte de sa paroisse, et à l'arrivée de NN. SS. les Evêques, le clergé fait entendre un chant liturgique maronique accompagné par le tam-tam oriental et par une espèce d'instrument dont j'ignore le nom. Il est fait comme un tambour de basque et produit le même son que les cymbales. Nous rentrons ensuite à l'église de l'Annonciation pour recevoir la bénédiction solennelle du Très Saint Sacrement.

Quelques pèlerins vont faire un pèlerinage au sommet d'un coteau où se trouve une chapelle appelée *Notre-Dame de l'Effroi*. Elle est construite

à l'endroit présumé où les Juifs voulaient précipiter
Notre-Seigneur, lorsque, suivant le récit de saint
Luc, les pharisiens avaient conduit Jésus « à la
cime de la montagne sur laquelle Nazareth était
bâtie. » On montre le lieu où la sainte Vierge s'était
agenouillée pour voir précipiter son divin Fils. La
tradition veut que la Vierge Marie ait laissé sur
le rocher la trace de ses genoux, et les pèlerins
vénèrent cette empreinte respectable.

Le soir, au dîner, comme hier, quelques pèlerins
charment nos oreilles par leurs chants harmonieux,
et M. Tréca nous lit une poésie sur notre guide,
le Fr. Liévin. Ceux qui connaissent le savant religieux le reconnaîtront parfaitement dans ces vers :

C'est un vieillard tout jeune, à voir ses yeux perçants,
Quel âge aurait-il bien? — Pardi, trois fois vingt ans.
Du guide en Palestine il est parfait modèle,
Dès que l'aube paraît : cavaliers, vite en selle !
Ce ne sont que rocs nus, lits séchés de torrents,
Pans de murs écroulés, rongés par le temps.
Il connaît son pays comme on connaît sa poche ;
Un cavalier titube, à la selle il s'accroche,
Le Frère Liévin suit son petit chemin,
Sans broncher, marchant droit dès le premier matin,
De sa pipe de bois tirant une bouffée ;....
.... On le voit traverser gué, torrent, précipice,
Sans que son cœur frissonne et sans que son pied glisse.
C'est notre chef à tous, c'est notre général,
Soldats, nous le suivrons, fût-ce même à cheval.
Il est de cœur vaillant et de puissante race :
Saluez, pèlerins, c'est Liévin qui passe !...

Ces vers sont accueillis avec enthousiasme, et les pèlerins acclament le bon Frère, notre guide. Après les avis du P. Directeur, on se hâte vers les tentes ; demain la journée sera longue et pénible. Pour éviter trop de fatigue, on avait décidé que le Thabor se ferait dans une excursion spéciale ; mais le drogman chef, l'illustre Morcos, a réclamé pour ce changement d'itinéraire une somme fabuleuse, et on doit suivre l'ancien plan.

Le lundi 17 avril, à 2 heures du matin, le P. Baud et moi nous étions debout pour le plus grand désespoir de M. Boutin, que nous avions réveillé malgré nos précautions. Nous voulions célébrer la sainte Messe dans la crypte de l'Annonciation ; il fallait arriver les premiers. Malgré notre grande hâte, nous trouvons déjà à la porte de l'église une dizaine de prêtres pèlerins animés des mêmes intentions ; heureusement la porte était encore fermée intérieurement. Nous avions remarqué la veille une petite porte dérobée qui donnait accès dans le couvent ; par bonheur, elle était ouverte, et nous pénétrons dans le monastère. Longtemps nous errons à travers des corridors sombres, et enfin nous arrivons dans la sacristie ; immédiatement nous nous revêtons des ornements sacrés et nous avons la consolation de célébrer les divins mystères dans cette grotte bénie qui abrita les années mortelles de Jésus, dans cette demeure trois fois sainte qui fut témoin des vertus de Marie et de

Joseph, à l'endroit même où s'accomplit le mystère de l'Incarnation. Aux autels de la crypte, on célèbre toujours la messe de l'Annonciation : l'évangile de cette fête raconte le récit du mystère : « L'ange Gabriel fut envoyé de Dieu dans une ville de Galilée appelée Nazareth, à une vierge qui avait épousé Joseph, de la maison de David... Voici la servante du Seigneur, qu'il me soit fait selon votre sainte parole... »

Il me semblait encore entendre, en offrant la divine hostie, le « Fiat » qui fut la réponse de Marie ; et mon émotion était profonde lorsque après la consécration je contemplais le corps sacré du Sauveur présent sur l'autel à l'endroit même où, pour la première fois, il s'incarna dans le sein virginal de la fille de David. Moments délicieux, émotions douces et saintes, qui me rappelaient mes premières messes et les joies semblables éprouvées jadis dans la *Santa Casa*, cette autre demeure de la sainte Famille.

Après la messe, nous retournons au camp mettre en ordre nos affaires pour le départ ; il était temps, déjà les moukres démolissaient les tentes avec une prestesse incroyable ; ils les repliaient et les chargeaient à dos d'âne et de chameau avec une étonnante rapidité. Ce soir nous trouverons tout cet attirail sur les bords du lac de Tibériade.

CHAPITRE IX

LE THABOR. — TIBÉRIADE

*En route vers le Thabor. — Dabourieh. — L'ascension. —
Description de la montagne. — Eglise de la Transfiguration. — Ruines. — La messe de la Transfiguration. — Poésie. — Départ pour le lac de Génésareth. — La vue du lac. — Tibériade. — La messe à
l'église grecque. — Promenade sur le lac. — Souvenirs
évangéliques. — Bethsaïda, Capharnaüm, Magdala. —
Un dîner sous une véranda orientale. — Les chants de
Tibériade. — Retour à Nazareth. — La multiplication
des pains. — La montagne des Béatitudes. — Cana. —
Les chameaux goudronnés. — Utilité et force de ces
animaux. — La dernière nuit à Nazareth.*

Le lundi 27 avril, à 6 heures du matin, nous
montons à cheval pour faire l'ascension du Thabor ;
le temps est couvert, la pluie menace. Quelques
pèlerins entreprennent le voyage à pied ; ils revien-
dront ce soir à Nazareth.

Vers 8 heures, au bas de la montagne du Thabor,
nous rencontrons un misérable village nommé Dabourieh. La prophétesse Débora y rendait jadis la
justice sous un palmier. C'est dans ce village que
Jésus laissa ses apôtres avant de gravir la montagne
de la Transfiguration avec Pierre, Jacques et Jean ;
pendant l'absence du Maître, les neuf disciples

restés à Dabourieh tentèrent vainement de délivrer un enfant possédé du démon.

Après cette bourgade commence l'ascension du Thabor. Nous montons dans un sentier rocailleux et difficile, à travers d'épais taillis ; nos coursiers glissent souvent sur la pierre humide du rocher et les cavaliers craintifs descendent de cheval et conduisent par la main leur monture.

Nous croisons, dans ce chemin malaisé, une caravane composée de plusieurs voyageurs et de quelques chevaux : c'est l'escorte d'un jeune Français qui visite seul la Palestine et l'Asie-Mineure ; nous le saluons au passage.

Vers 10 heures 1/2, nous arrivons au sommet de la sainte montagne.

C'est là que Notre-Seigneur voulut donner à ses apôtres privilégiés un avant-goût du bonheur céleste ; c'est là qu'il se transfigura à leurs yeux éblouis. A l'endroit même où s'accomplit cet éclatant miracle, sainte Hélène avait élevé une magnifique basilique. Nous admirons les ruines de cet antique sanctuaire, qui devait être un splendide monument ; à côté se voient les restes de deux autres églises plus modestes, dédiées l'une à Moïse et l'autre à Elie.

A l'endroit où se trouvait jadis le chœur de l'ancien sanctuaire, on dresse un autel, et Mgr Koppès, évêque de Luxembourg, célèbre le Saint-Sacrifice. A l'évangile, on nous lit solennellement le récit de la Transfiguration. Les pèlerins écoutent dans un religieux silence les paroles du texte sacré. Si Jésus ne se trouve plus sur cette montagne, transfiguré et glorieux, comme jadis, il va s'y trouver encore réellement présent dans la sainte Eucharistie; la petite sonnette annonce l'élévation, et nous nous prosternons en silence, adorant respectueusement la majesté divine. Du fond de tous nos cœurs sort le cri d'amour de saint Pierre : « *Bonum est nos hic esse.* » Oui, il est bon d'être ici, sur cette terre sanctifiée par la transfiguration du Sauveur Jésus.

Après la sainte Messe, nous montons sur le point culminant du Thabor ; le ciel s'est éclairci et nous admirons la vue idéale qui s'étend à nos pieds de tous les côtés. Le Fr. Liévin explique aux pèlerins les noms et les souvenirs des différents sites que nous contemplons. L'habile poète que nous avons déjà cité nous a lu le soir à Tibériade une pièce de vers dans laquelle il décrit ce magnifique panorama et raconte, dans un style enchanteur, les scènes évangéliques du Thabor :

MONT THABOR

Jésus, loin de la foule, aspirait à prier,
Et tandis que chacun s'apprête à sommeiller,
« Venez Jacque et vous Jean, venez, dit-il à Pierre,
» Au sommet de ce mont nous ferons la prière... »
Et tous quatre, à l'instant, se mettent en chemin...
Quand le roc est glissant, Jésus tendant la main
Offre au faible mortel un appui secourable...

... Bientôt de l'Orient le soleil d'or s'élance
Vers la voûte d'azur... Les oisillons gaiement
S'en vont de par les airs, voletant et chantant.
Le grand Hermon neigeux, à l'horizon limpide,
Apparaît menaçant, comme un géant livide
Se dressant vers le ciel... Tout au loin le Liban
Couvert de cèdres noirs, puis le désert brûlant ;
Là-bas, le fier Jourdain, précipitant son onde,
Qui dans un lit fangeux écume, roule et gronde,
Le torrent du Cison au cours capricieux,
Hattine au gazon vert qui repose les yeux,
Près des lauriers fleuris, le lac de Galilée,
Vers les confins du Sud, la chaîne de Judée,
Les monts Samaritains, les plateaux Moabites,
Et le riant Carmel, pays de cénobites...
... Les disciples ravis, émus, silencieux,
Tombant à deux genoux sur le terrain pierreux,
D'un œil émerveillé contemplent ce spectacle :
Tout à coup, par l'effet d'un éclatant miracle,
Leur Maître resplendit d'une grande clarté,
Modèle éblouissant de divine beauté...
Son vêtement plus blanc que le lait, que la crème,
Est plus immaculé que la neige elle-même ;
A côté de Jésus, le prophète de feu,
Et Moïse expiré sous le baiser de Dieu :
Pierre dit à Jésus : « Quel spectacle ineffable !
» Il est bon d'être ici ; parlez, je suis capable
» De dresser à l'instant trois tentes à la fois :
» La première pour vous, Jésus, ô roi des rois !
» Une autre pour Moïse, et l'autre pour Elie...
» Que votre bienveillance à vous toujours nous lie ! »
Dieu cependant s'avance entre ses deux amis
Qu'il fait ses compagnons, ainsi qu'il l'a promis.
Ils ont avec le Maître un entretien sublime
Que nul ne put entendre, et du céleste abîme

Descend sur le Thabor un nuage éclatant
Qui remplit de terreur Pierre, Jacque et puis Jean.
On entend une voix qui, sortant du nuage,
Dit : « Jésus est mon fils, rendez-lui tous hommage,
» Mon enfant bien-aimé, l'enfant de l'Eternel ;
» Ecoutez sa parole, et vous irez au Ciel... »

Longtemps nous restons sur ce sommet béni, examinant cette vue idéale, promenant nos regards du Carmel au grand Hermon, de Tibériade et du Jourdain à Nazareth et vers cette plaine fertile d'Esdrelon dans laquelle Bonaparte livra la fameuse bataille du Thabor. Qu'il fait bon rêver et prier en présence d'un spectacle si grandiose, dans un lieu si plein des plus précieux souvenirs de la foi !

Soudain le signal de la direction nous arrache à nos méditations ; c'est l'heure du déjeuner ; il faut nous éloigner de ces ruines saintes et revenir au couvent des PP. Franciscains, où notre repas est préparé. Nous devons prendre des forces pour la longue chevauchée de l'après-midi.

Nous abandonnons le sommet du Thabor vers une heure. Si la montée a été difficile, la descente est plus périlleuse encore. Les drogmans obligent les cavaliers novices à descendre à pied, et les moukres tiennent la bride des chevaux ; quelques accidents sans importance, quelques chutes sans gravité, et nous arrivons au bas de la montagne. Nous laissons Dabourieh à notre gauche, et nous prenons le chemin de Tibériade. Nous passons près d'un ancien khan

où se tenait jadis un marché célèbre. Construit à la
fin du xvie siècle par les caravanes qui venaient
d'Egypte, il présente l'aspect d'un double château
fort gardant les deux côtés de la route ; aujourd'hui
ce monument, appelé Souk-el-Khan, tombe en ruines.
Le chemin de Tibériade qui n'est plus qu'un sentier
se dirige alors vers le sud-est ; à droite, à 100 mètres
environ, nous apercevons un campement de Bédouins ; quelques jeunes gens lancent leurs chevaux
de ce côté pour aller le voir de près ; je les suis.
Les indigènes du gourbi nous regardent arriver
avec un peu de méfiance mélangée de curiosité ; ils
sont armés de longues piques ; leurs tentes noires
sont en peaux de chèvres ou de chameaux. Nous
défilons une vingtaine devant eux et nous rattrapons
la caravane après dix minutes d'un galop forcené
dans un sol pierreux et accidenté qui me fait crain-
dre de voir à chaque pas mon cheval s'abattre ;
mais l'excellente bête a le pied solide et me ramène
sain et sauf parmi les pèlerins du groupe jaune.

Nous traversons l'Ouadi-Besoum, une des plus
fertiles vallées de la Galilée, et, vers six heures,
nous apercevons la mer de Tibériade et la petite
ville du même nom ; le lac est à nos pieds. On
descend de cheval. Les premiers arrivés crient aux
autres : « Le lac ! le lac ! » puis chacun se tait pour
contempler la mer splendide qui s'étend devant
nous.

Assis sur un roc élevé, nous ouvrons notre Guide,

et M. Boutin nous lit la belle page suivante empruntée à M. V. Guérin :

« Ce beau lac, dit-il, auquel nul autre ne saurait être comparé à cause des souvenirs qu'il rappelle, s'étend du nord au sud sur une longueur de 21 kilomètres ; sa plus grande largeur est de 12. Sa forme affecte celle d'un ovale. Bordé de hautes collines à l'est et à l'ouest, il est ainsi profondément encaissé, et la chaleur qui règne dans le bassin qu'il emplit est encore augmentée par la profonde dépression de sa surface au-dessus du niveau de la Méditerranée. Le Jourdain le traverse dans toute sa longueur... Ses eaux, claires et limpides, sont extrêmement poissonneuses et semblent inviter les pêcheurs à y jeter leurs filets. Lorsque leur belle nappe bleue reflète l'azur du ciel et étincelle sous les rayons du soleil, on dirait un miroir éclatant dont les yeux sont éblouis et charmés tout à la fois. Le soir, elles se teignent d'admirables couleurs empourprées, plus violacées à mesure que l'astre du jour incline davantage à l'horizon. La nuit, quand la voûte du firmament se constelle d'étoiles, elles en réfléchissent tous les feux doux et scintillants. C'est alors qu'enveloppée d'une sorte de voile mystérieux et diaphane, la mer de Galilée apparaît surtout dans sa plus grande majesté, et qu'une religieuse mélancolie s'empare invinciblement de celui qui la contemple. Alors, en effet, dans le silence de l'esprit et du cœur, dans le silence aussi de la nature, on voit surgir de la tombe le passé avec ses impérissables souvenirs. On croit apercevoir la barque du Christ qui sillonne le lac en tous sens. »

Oui, c'est sur les bords de ce merveilleux bassin que Jésus-Christ a fait ses plus grands miracles; c'est autour de cette mer fameuse que se sont passées les années de sa vie publique. Quel autre lac sur le globe pourrait se glorifier des mêmes souvenirs ?

Nous restons là quelque temps, admirant le panorama du lac qui s'étend à nos pieds; mais le signal du départ est donné et nous remontons à cheval pour descendre à Tibériade. Cette descente est fort longue et très escarpée; nous ne parvenons à la ville de saint Pierre qu'à la nuit : le camp est dressé à l'entrée de la ville. En descendant de cheval, nous pouvons boire une tasse de camomille, excellente boisson destinée à nous faire éviter les fièvres du pays. Nous prenons à peine le temps de retrouver nos tentes et d'y déposer nos bagages, et, malgré la nuit, malgré la fatigue, nous nous formons en procession pour nous rendre à travers des rues abominables, étroites, sales et obscures, jusqu'à l'église catholique des Franciscains bâtie sur les bords du lac à l'endroit où, croit-on, Jésus-Christ établit la primauté de saint Pierre. Dans la chapelle nous recevons la bénédiction du très saint Sacrement, et chacun revient au camp pour le repas du soir.

Au dessert, nous avons encore l'audition de charmants vers sur le beau lac que nous venons visiter. Ils sont de M. l'abbé Fossey. Qu'on nous permette de les citer en partie :

AU LAC DE TIBÉRIADE

J'aime tes flots, leur teinte et leur murmure,
Lac enchanteur où Jésus naviguait.
Comme une glace au sein de la verdure,
Ton onde calme aujourd'hui m'apparaît ;
Ah ! que j'entende un instant ton langage ;
De mon Jésus redis-moi les accents !
Tu t'en souviens, ô mon charmant rivage,
Fais-toi l'écho de ses enseignements !

Près de tes bords, parés de lauriers-roses,
Il répandait le parfum de son cœur ;
Comme tes fleurs sa parole est éclose,
En gardes-tu la généreuse odeur ?
Si la rosée en ta rive est féconde,
Plus féconds sont ses oracles divins ;
Il a donné sa grâce à tout un monde,
Et la lumière aux âmes des humains.

Dans ces cités dont tu bois la poussière,
Il a passé, faisant partout du bien ;
Conserves-tu l'accent de sa prière,
Puisque son nom est devenu le tien ?
Génézareth pleure dans sa vallée,
Et sur son roc, Capharnaüm n'est plus.
Mer du passé, veux-tu, sois appelée,
Dans l'avenir, le lac du bon Jésus.

Quand je te vis, coupe pleine de grâce,
Mon cœur bondit sous le poids du bonheur.
Quels souvenirs dans cet étroit espace
Que parcourut longtemps notre Sauveur !
Aux bateliers sa voix se fit entendre,
Et de l'un d'eux il forma le Pasteur
Qu'à son Église, épouse sainte et tendre,
Il a légué comme un fruit de son cœur....

.... Ton souvenir, ô lac si plein de charmes,
Doit être joint à celui de Sion ;
A tes flots bleus j'ai mêlé quelques larmes.
Preuves d'amour, de sainte émotion.
Et maintenant j'emporte ton image.
Je te salue et te fais mes adieux.
Que ton azur, ah ! me devienne un gage
De voir Jésus sur l'autre azur des cieux.

La nuit sous la tente se passe comme à l'ordinaire au milieu des cris des moukres, des chameaux et des chacals. Le lendemain, mardi 28 avril, avant de célébrer la sainte Messe dans l'église grecque catholique, je visite avec un autre pèlerin la cité de Tibériade.

Cette ville fut fondée vers l'an 16 avant Jésus-Christ par Hérode Antipas, qui lui donna le nom de son patron Tibère. Elle devint la capitale de la Galilée. Dans la guerre des Juifs contre les Romains, on la fortifia, et on voit encore les restes de ses remparts défendus par Vespasien. Après la destruction de Jérusalem, elle fut le centre de la nation juive en Palestine et le siège du Sanhédrin. C'est alors que fut composée la *Michna* (1). Tibériade fut ruinée par Chosroës, puis occupée par Omar, et après la première croisade, elle fut donnée en fief à Tancrède. La ville actuelle, *Tabarieh,* est bâtie au nord de l'ancienne, autour du lieu où la tradition place une des apparitions de Jésus ressuscité et la pêche miraculeuse. Il reste quelques vestiges de l'ancienne cité, mais ce ne sont plus que des ruines informes. La population s'élève à 3,500 âmes, dont 2,500 juifs.

L'église latine, dédiée à saint Pierre, est bâtie sur les bords du lac ; elle remonte à l'époque des croisades. Les pèlerins de la pénitence y ont placé en *ex-voto* une statue du prince des Apôtres, en bronze. Elle est semblable à celle qui est vénérée dans la basilique du Vatican.

Que j'ai aimé relire dans cette modeste église le récit de l'évangile qui raconte la scène où Jésus confirma solennellement la primauté et l'autorité de saint Pierre en lui disant : « Pasce agnos meos, pasce oves meas. »

Après le déjeuner, plusieurs pèlerins partent pour

(1) Après la destruction de Jérusalem, Tibériade devint une des villes de refuge de la nation juive, et au IIe siècle elle fut le siège du Sanhédrin, fondé alors par le célèbre rabbin Juda Hakkodech, le compilateur de la *Michna* (seconde loi). De l'école de Tibériade sortit la *Gemara* (Talmud de Jérusalem), et la *Massorah,* destinée à conserver la tradition des Écritures. Pendant plus de trois siècles, les Juifs ont considéré Tibériade comme une nouvelle Jérusalem.

Capharnaüm, les uns à cheval, les autres en barque. Nous voulons, nous, errer silencieusement sur les bords si pleins de souvenirs du lac enchanteur. Nous partons tranquillement avec le P. Baud et M. le curé de Saint-Étienne-du-Bois, et nous allons nous asseoir sur la rive de la mer de Galilée. La chaleur est très forte, mais de l'autre côté de l'eau nous arrive une douce brise rafraîchie par les neiges éternelles des montagnes du Liban que nous apercevons dans le lointain. Silencieux, nous regardons devant nous, rêvant à ces grands faits de la vie de Jésus dont ces lieux bénis furent les témoins sacrés. Tout à coup, nous apercevons, voguant sur les flots argentés, une petite barque de pêcheurs. Nous faisons signe aux bateliers ; ils abordent quelques minutes après, et nous entrons en pourparlers pour qu'ils nous fassent faire une promenade sur le lac. Nous ne connaissons pas un mot de leur langue, ils ignorent complètement la nôtre ; il nous faut du temps pour nous entendre, et nous arrivons avec nos paroles et nos gestes à produire les quiproquos les plus curieux. Enfin, nous montons sur la barque, nous partons, nous voici au milieu de la mer de Génézareth ; les Arabes qui nous conduisent causent entre eux et nous dérangent singulièrement, nous voudrions un silence complet sur ces flots bénis ; il nous semble à chaque instant voir le Maître arriver vers notre barque, marchant sur l'eau durcie miraculeusement. Là, saint Pierre, venu vers Jésus, enfonça parce qu'il manquait de confiance ; ici la pêche miraculeuse attesta la puissance du Sauveur ; là-bas, on aperçoit Bethsaïda, patrie des apôtres André, Pierre et Philippe, et Magdala, pays d'origine de Marie-Madeleine. Cette dernière cité est entourée de lauriers-roses admirablement fleuris. Nous sommes en plein pays de l'Evangile, et les traces de Jésus se voient partout.

Nous avons fini par obtenir des Arabes un silence relatif. M. Boutin, assis à l'arrière de la barque, lit dans le saint Evangile les différents épisodes qui se sont passés autour du lac de Génézareth : la Tempête apaisée, la Pêche miraculeuse, la Guérison du paralytique, le Poisson au statère, etc., etc. Nous trouvons un plaisir extrême dans ces pieuses lectures ; nous reconstituons par la pensée toutes ces scènes si saintes, et nous croyons voir les ombres bénies de Jésus et de ses apôtres flotter autour de nous sur cette mer fameuse. Afin que l'illusion soit plus complète, nous aurions désiré une tempête, mais la surface de l'eau est unie comme une glace et le ciel est d'une pureté parfaite.

La barque nous ramène sur le rivage à l'endroit où nous l'avions prise, et nous nous dirigeons un peu plus loin afin de prendre un bain dans l'onde pure du lac. A peine sommes-nous entrés dans l'eau que plusieurs Arabes sortis on ne sait d'où arrivent soi-disant pour garder nos vêtements: mais nous sommes peu rassurés sur leurs intentions et nous voulons les faire partir; ils s'acharnent à rester; nous sommes obligés de sortir de l'eau, de les menacer de nos poings fermés, et de leur lancer des pierres. L'un d'eux, un enfant de quinze ans, de guerre lasse, se déshabille et se met à l'eau; il vient sans doute pour nous prouver ses bonnes intentions; il nage merveilleusement bien et nous rejoint rapidement. Alors, il veut nous expliquer quelque chose, mais nous ne comprenons absolument rien; ces Arabes sont vraiment étonnants, ils voient fort peu d'étrangers, et ne s'imaginent pas qu'on puisse ignorer leur jargon. Enfin il réussit, tout en nageant à côté de moi, à me faire entrevoir qu'il est catholique; je crois du moins le comprendre à l'aide des nombreux signes de croix qu'il trace sur sa poitrine. Je m'efforce de l'en féliciter en frappant dans mes mains et en disant bravo... Il est content, et nous voilà les meilleurs amis du monde. Trop bons amis même, parce qu'il veut que j'imite tous ses mouvements, et il exécute dans l'eau des plongeons et des cabrioles qui m'attirent très médiocrement.

Après ce bain original, nous rentrons au camp: nous avions donné rendez-vous pour six heures à un groupe de pèlerins avec lesquels nous devions prendre un repas à l'européenne dans un hôtel anglais découvert le matin. L'aimable P. Noguès, rédacteur du *Journal de Lourdes*, Mlle M..., d'Ay, et d'autres pèlerins nous attendent déjà, et nous

gagnons l'auberge en question à travers les rues
sales, étroites et bizarres de la vieille cité. On
nous attend, et notre dîner est servi en plein air,
sous une curieuse véranda orientale. On y jouit
d'un air excellent, et la vue est charmante. Au
premier plan, un jardin planté de palmiers et de
lauriers-roses en fleurs ; plus loin, le lac et ses
flots d'argent ; comme fond de tableau, le Grand-
Hermon couvert de neige et les monts du Liban.

Nos hôtes sont des Grecs de nationalité et de
religion. Aucun d'eux ne connaît le français, mais
le fils aîné de la maison parle assez facilement
l'anglais ; je sers de truchement, et je m'entends
avec ce jeune homme pour le service.

A peine sommes-nous installés à table que nous
voyons le lac de Génézareth se sillonner de barques ;
ce sont celles qui portent les pèlerins de Capharnaüm et de Magdala : un bon vent les ramène plus
tôt qu'on ne pensait. Quelques-uns viennent dîner
avec nous et nous racontent les péripéties de leur
voyage. Ils sont partis à cheval et reviennent en
bateau ; la traversée est charmante, mais longue et
chaude. De la ville évangélique de Capharnaüm,
où Jésus séjourna souvent, il ne reste que des
ruines ; on sent encore peser sur ces restes dispersés
la malédiction divine. Parmi les derniers venus,
nous rencontrons M. V. Tréca, le poète du pèlerinage, et nous avons la primeur des vers composés
dans la journée sur le lac enchanteur et sur ses

saints souvenirs. Qu'on nous permette encore de citer quelques vers de cette belle poésie :

LE LAC DE GÉNÉZARETH

Beau lac aux flots d'argent que soulève la brise,
C'est ici que Jésus, fondateur de l'Eglise,
Sur la barque monté prêchait le genre humain.
Quand grondait la tempête, il étendait la main,
Et le flot courroucé, tout rempli de menace,
Au doux signe du Maître, obéissant se glace.

. . . .

Quels bords plus enchanteurs, et quelle onde plus pure !
Du flot qui bat la grève, harmonieux murmure !
Le laurier en buissons, caressé par le vent,
Unit sa gerbe rose au bleu du firmament.
Ici le fier Jourdain se transforme et s'épure,
Là l'antique figuier, sous sa large ramure,
Abrite les enfants des rayons du soleil
Qui sur les grenadiers mûrit le fruit vermeil.
Madeleine en ces lieux écoula son enfance,
La sainte qui mourut aux rives de Provence.
... Plus loin Capharnaüm, que maudit le Sauveur :
Ses murs sont écroulés, un arbuste sans fleur,
Epineux, rabougri, couvre des tas de pierre,
Emblème désolé de suprême misère :
C'est ici que Jésus guérit deux malheureux
En usant du pouvoir qui n'appartient qu'aux cieux :
Quant à l'ingrat témoin du double et grand miracle,
Il n'offre désormais qu'un effrayant spectacle....

. . . .

J'ai parcouru ton bord, méditant et pensif.
Et j'ai bu de ton onde... assis sur un récif.
Je perdais mes regards dans l'éternel espace,
Et puis je m'écriais : « Voici Jésus qui passe » ;

Son souvenir est là, toujours vivant et fort,
Que m'importe le Temps! Que m'importe la Mort !
Des siècles écoulés la mémoire est fidèle ;
Il marche encor sur l'onde, il est là qui m'appelle,
C'est le Galiléen, le Christ, le Rédempteur ;
Il m'a donné son sang... Je lui donne mon cœur !...

Après le dîner, le fils de l'hôtelier grec veut nous reconduire au camp ; il s'attache à mes pas, et dans un anglais quelque peu obscur, il me vante la nation française, qu'il aime, me dit-il, de tout son cœur. Il a été élevé à Beyrouth, dans un collège anglais ; il aurait bien voulu apprendre le français, mais ses maîtres ne lui ont enseigné que la langue britannique, et il en est désolé ; s'il n'a pas appris le langage de la France, en revanche il a lu au moins son histoire, parce qu'il me raconte toutes les batailles de Napoléon Ier, et il parle de ce grand homme de guerre avec un enthousiasme tout oriental. Nous sommes arrivés au camp ; mon interlocuteur me serre la main avec cordialité ; il m'invite à déjeuner pour le lendemain matin, sans doute il veut me raconter le règne de Napoléon III.

Le mercredi 28 avril, après une dernière prière sur les bords du lac de Tibériade et dans l'église de Saint-Pierre, nous remontons à cheval et nous partons pour Nazareth en suivant un chemin opposé à celui par lequel nous sommes venus. Après une heure de marche, nous parvenons dans la plaine d'Hattine, tristement célèbre par la défaite des croisés, qui mit fin au royaume latin de Jérusalem en 1187. La tradition place en ce lieu la multiplication des sept pains et des petits poissons. Nous mettons pied à terre et un Père de l'Assomption lit l'évangile qui raconte cet éclatant miracle. Sur la droite s'élève le mont des Béatitudes ; c'est là que le Sauveur prononça l'admirable sermon sur la montagne dans lequel il enseigne aux hommes le moyen d'être heureux.

Après la montagne des Béatitudes, on perd de vue le lac : j'éprouve un serrement de cœur en abandonnant cette mer de Galilée si pleine des plus doux souvenirs ; du haut de mon cheval je me détourne à chaque instant pour regarder encore la belle nappe d'eau et saluer une fois de plus la grande vision que mon cœur y retrouve toujours vivante et adorable.

Nous prenons notre repas de midi sous des oliviers qui nous donnent un doux ombrage, près de Loubieh, où Junot, en 1799, fut attaqué par les Mamelucks, se défendit avec vaillance et laissa à Kléber le temps d'arriver et de repousser les ennemis.

Après le déjeuner, nous traversons le champ des épis, où les apôtres fatigués mangèrent quelques grains de blé, au grand scandale des pharisiens.

Enfin nous arrivons à Cana et nous trouvons beaucoup des pèlerins restés à Nazareth. Ils sont venus à notre rencontre. Cana est un village de

600 habitants moitié musulmans, moitié schismatiques. C'est une charmante bourgade bâtie au
bord d'un joli cours d'eau et ombragée par des
cactus gigantesques, des figuiers, des oliviers et
des grenadiers. Le lieu du miracle de Cana n'est
plus occupé que par des ruines ; on croit qu'au
temps de Notre-Seigneur c'était la maison de Simon,
qui devint un des apôtres.

Nous nous dirigeons immédiatement vers l'église
des Franciscains pour recevoir la bénédiction du
Très-Saint Sacrement, pendant laquelle nous lisons
avec émotion le récit évangélique de l'eau changée
en vin. Après cette cérémonie, les Pères nous
offrent à pleines urnes un vin délicieux produit par
les vignes de Cana. Pendant que les pèlerins se
reposent, nous visitons le petit village et nous
entrons dans une écurie où nous attire un curieux
spectacle : deux jeunes enfants de quinze ans,
armés d'énormes pinceaux, sont occupés à peindre
des chameaux vivants avec un liquide noir qui n'est
autre chose que du goudron. Il paraît que chaque
année, au commencement de l'été, on leur fait
subir cette curieuse opération.

Ces animaux, soit dit en passant, sont un
véritable trésor pour ces régions si chaudes.
Quelques misérables que soient les contrées qu'ils
traversent, les chameaux trouvent toujours de quoi
apaiser leur faim. Ils broutent les chardons et les
artichauts sauvages qui bordent les sentiers ; et,

chose étrange, ils mordent à pleines dents dans les feuilles de cactus sans être piqués par les épines si nombreuses et si dangereuses de cette plante. Ils peuvent rester quinze jours sans boire ni manger, Ils portent jusqu'à 700 et même 800 livres. Seulement, la nature charnue du pied des chameaux ne leur permet pas d'avancer quand il tombe de l'eau. S'ils posent leurs pieds dans la boue, ils glissent et chancellent comme un homme ivre.

L'éducation du chameau exige beaucoup de soins. Après sa naissance, il reste huit ou dix jours sans pouvoir se lever ; il ne peut porter un simple cavalier qu'à l'âge de trois ans, et il ne possède sa force complète qu'au bout de huit ans, mais elle dure longtemps, il peut être d'un bon service au moins pendant cinquante années. Tous les ans il perd son poil ; les Bédouins le ramassent pour en faire des étoffes grossières, des tapis et surtout des tentes. Le lait des chamelles est excellent, il sert à faire du beurre et des fromages.

Avant de laisser Cana, nous entrons dans l'église des grecs schismatiques pour contempler les deux vases antiques dits : vases de Cana. On croit que ce sont tout simplement des urnes ayant servi aux baptistères des deux anciennes églises de la petite ville. Nous partons bientôt de la cité de Saint-Barthélemy et nous passons auprès de la fontaine d'où venait l'eau que Jésus changea en vin : il n'y a qu'une seule source dans les environs. L'eau est sale et mauvaise. Nous continuons notre route ; nous dépassons une petite bourgade cachée à droite sous la verdure : c'est El-Merched, la patrie de Jonas. Nous atteignons ensuite Reineh, où le curé, un Français, de Nantes, venu déjà nous saluer à Nazareth, nous attend et nous fait visiter son église ; mais il est tard, et nous avons hâte d'arriver à Nazareth pour jouir encore de la douce brise de la cité des fleurs.

Nous voilà au milieu du camp ; nous retrouvons notre tente, et nous prenons le repas du soir agrémenté par des chants originaux et par une gaieté charmante, puis chacun cherche sous la tente un repos bien gagné.

Encore une nuit qui s'écoulera à l'ombre du sanctuaire béni de l'Annonciation, et demain, dès l'aurore, la Vierge de Nazareth recevra nos adieux.

CHAPITRE X

LA SAMARIE

Départ de Nazareth. — La sœur Joséphine. — Naïm. — Sunnam. — Pèlerins anglais. — Souvenirs bibliques. — Djenine. — Ouverture du mois de Marie. — Aux jeunes gens. — Lettre curieuse. — Une messe dans le camp. — Dothaïn. — Béthulie. — Les ruines de Samarie. — Chaleur torride. — Aux dames du pèlerinage. — Une matinée à Naplouse. — M. Decorbie. — Sa courte maladie. — Sa mort. — Le Pentateuque. — Le puits de Jacob. — Saint-Gilles. — Les nuits au camp. — Dernière nuit sous la tente. — Les malades. — Béthel. — 1re apparition de Jérusalem. — Rama. — Une maison française. — Les baptêmes de Rama. — Le mont Scopus. — L'entrée à Jérusalem. — Le Frère Princet. — Notre-Dame-de-France. — La cellule du Sacré-Cœur.

Le jeudi 30 avril, le bon Dieu me donne encore la joie de célébrer la sainte Messe dans la grotte de l'Annonciation : cette fois, c'est à la chapelle de l'Ange ; l'autel est établi à l'endroit où se tenait le messager céleste lorsqu'il annonça à Marie qu'elle serait la mère de Dieu. Pour avoir cette faveur, le P. Baud et moi nous nous sommes levés de très bonne heure, et après nos messes nous cherchons une auberge afin d'y prendre un substantiel repas avant le départ pour la Samarie.

Dès 5 heures 1/2 du matin, la chaleur est affreuse.

OUSE (SAMARIE)

Le kamsin souffle, et nous montons sur nos chevaux, inquiets sur l'issue de notre voyage à travers le désert samaritain.

Six heures, le signal du départ est donné ; nous disons un dernier adieu à la cité de l'Incarnation, à cette ville fleurie si pleine de charmes et de pieux souvenirs ; nous adressons un au revoir amical aux pèlerins qui nous abandonnent pour revenir par mer à Jérusalem, et nous partons au trot afin d'arriver plus vite à Naïm, où nous devons entendre la sainte Messe. Mgr Koppès, évêque de Luxembourg, est toujours en tête de la caravane. Sa Grandeur veut affronter les fatigues de la Samarie. On a obtenu que l'excellente sœur Joséphine suive cette année encore la caravane samaritaine. Nous sommes heureux de l'avoir avec nous : elle soigne si aimablement les malades, elle relève si bien par ses douces paroles le courage de ceux qui sont fatigués. On l'appelle la sœur « Camomille », parce que c'est elle qui prépare cette boisson réconfortante que chaque soir nous trouvons en arrivant au camp.

Nous avons perdu de vue le clocher de Nazareth ; nous traversons de nouveau le Cison, que nous avons déjà passé samedi dernier, mais nous sommes ici à l'endroit où Débora chanta son cantique après sa victoire sur Sisara.

Nous arrivons à Naïm vers 9 heures 1/2, et nous entendons la sainte Messe dans une petite chapelle élevée à l'endroit même où s'est accompli le miracle de la résurrection du fils de la veuve. Pendant la célébration du divin sacrifice, nous lisons le récit du miracle. « Jésus arrivait à Naïm suivi de ses disciples et d'une grande foule de peuple ; à la porte de la ville, il rencontra un convoi funéraire. On conduisait un jeune homme à sa dernière demeure. La mère du défunt suivait le cercueil et pleurait son fils unique. Jésus, bon et miséricordieux, fut touché des larmes de cette mère ; il s'arrêta et dit : « Femme, ne pleurez pas. » Puis il s'approcha du cercueil, commanda aux porteurs de s'arrêter, et il s'écria : « Adolescens, tibi dico, surge. Jeune homme, je vous le dis : Levez-vous. » Et le mort sortit de son cercueil et il se mit à parler ; et bientôt il fut dans les bras de sa mère. »

En lisant le récit de ce grand miracle dans le lieu même où il fut accompli, nous versions de douces larmes, et je pensais à mes chers élèves. Suivant ma promesse, je priai pour eux : Ne sont-ils pas des enfants de prédilection, ces jeunes gens élevés chrétiennement au milieu d'un siècle athée et pervers. Hélas ! quelques-uns, malgré leur éducation, malgré leurs engagements, ont renié les promesses de leur enfance. Seigneur Jésus, vous qui avez ressuscité le fils de la veuve, ressuscitez aussi ces âmes mortes à la vie de la grâce par le péché ; leurs mères prient pour eux, nous, leurs maîtres, nous vous supplions, pour leurs chères âmes ; ah ! Seigneur, dites donc à ces enfants : « Je vous l'ordonne, levez-vous ». Qu'ils marchent enfin à la lumière de la vérité, qu'ils s'avancent dans les chemins de la vertu. Hélas, il y a des peuples, il y a des générations de jeunes gens chrétiens que nous voyons ainsi porter en terre, et l'Eglise leur mère prie derrière le mort. Seigneur, il ne faut qu'un mot : « *Surge*, lève-toi » pour rendre le fils à la mère ; dites-le, Seigneur, et la France et notre Vendée seront sauvées. Et la messe s'achève pendant que ces grandes pensées s'agitent dans notre esprit.

Il est 10 heures : il fait si chaud que nous ne pouvons pas songer à prendre notre déjeuner dehors où il n'y a pas un arbre. On nous sert dans la chapelle, dans la sacristie et dans une maison voisine : à midi, nous disons adieu à Naïm.

Par un soleil de plomb, nous continuons à chevaucher à travers la plaine d'Esdrelon. Elle est vraiment belle ; le panorama est encadré par les montagnes de Samarie, les monts Gelboë, le petit Hermon, le Thabor, les collines de Nazareth et celles du Carmel.

Le kamsin souffle toujours, il énerve les uns, il endort les autres. J'aperçois quelques cavaliers qui se balancent à droite et à gauche, en avant et en arrière, suivant les mouvements de leur cheval, et tombant parfois le long des flancs de l'animal, qui, épuisé lui-même par la chaleur, s'arrête brusquement et empêche un accident. Nous croisons dans l'après-midi une caravane d'Anglais qui voyagent en touristes ; ils font le même trajet que nous en sens inverse, ils ont l'air aussi fatigués que les pèlerins.

Nous dépassons Sunnam où Élie ressuscita le fils de cette femme généreuse qui lui avait donné l'hospitalité ; nous laissons à gauche les monts de Gelboë : le Fr. Liévin, qui paraît ne pas sentir la chaleur, nous raconte la défaite et la mort de Saül arrivées dans les défilés de ces montagnes. Nous nous arrêtons à Zeraïn, l'ancienne Israël ; notre vaillant guide cherche à nous intéresser par l'histoire de Naboth et de sa vigne, il nous rappelle le souvenir de la cruelle Jézabel ; nous nous souvenons des beaux vers de Racine dans sa tragédie d'Athalie, mais tous ces souvenirs ne nous font pas sortir de notre somnolence, nous sommes en plein soleil, et nous avons hâte de continuer notre chemin afin d'arriver le plus tôt possible à Djenine.

Nous parvenons à cette dernière ville vers 6 heures du soir. Le temps est devenu un peu moins chaud, mais il est lourd et fatiguant. Nous absorbons avec plaisir plusieurs tasses de l'excellente tisane de la sœur Camomille, et nous retrouvons nos tentes pour la nuit.

Djenine (anciennement Engannin), est une ville antique située sur la frontière de Galilée et de Samarie. Elle est bâtie à 300 mètres au-dessus de la Méditerranée ; on y compte 6,000 habitants, tous musulmans. Il n'y a que deux familles catholiques du rit grec. Il paraît que les habitants de Djenine sont hostiles aux chrétiens. On nous recommande de ne pas sortir du camp, et tout autour des tentes on place un cordon de soldats turcs.

C'est aujourd'hui le 30 avril, ce soir dans toutes les églises de l'univers, au sein de toutes les familles chrétiennes, on fait solennellement l'ouverture du beau mois de Marie. Les pèlerins de la Pénitence se gardent bien de perdre l'occasion de fêter celle à laquelle ils se sont consacrés au départ de Marseille, sur la colline de la Garde. On organise un autel au centre du camp. On l'entoure de palmes et de drapeaux ; les deux familles catholiques de la ville apportent les images de la Sainte Vierge qui ornent leurs demeures ; chacun, malgré la fatigue et la chaleur, s'ingénie à découvrir quelque fleur ou quelque ornement qui puisse décorer ce trône rustique élevé en l'honneur de Marie ; et quand tout est préparé, les pèlerins se groupent autour de l'autel. Nous chantons un cantique en l'honneur de la Mère de Dieu ; le P. Noguès, député de N.-D. de Lourdes, nous entretient pendant quelques instants sur les gloires de Marie, et pour terminer cette touchante cérémonie, Mgr Koppès, qui préside, nous donne solennellement sa bénédiction épiscopale.

Rien de plus original que cette ouverture du mois de Marie, dans ce camp bizarre, au pied de cette ville musulmane, à la lueur de quelques torches, sous la voûte étoilée des cieux, par une de ces belles nuits orientales : je garderai toujours le souvenir de cette touchante cérémonie accomplie autour d'un autel si primitif, mais si pittoresque par son beau décor et son installation originale et si patriotique en même temps, avec ces drapeaux français qui rappellent si bien la patrie absente. Cette impression, je ne suis pas seul à la ressentir, mes compagnons l'éprouvent comme moi, et l'un des musulmans présents a envoyé le lendemain au P. Directeur, une lettre curieuse que nous aimons à citer parce qu'elle peint assez l'état d'esprit de beaucoup de mahométans :

LETTRE D'UN MUSULMAN

AU DIRECTEUR DU PÈLERINAGE DE PÉNITENCE.

Djenine. le 1er Mai.

Mon Très Révérend Père,

Hier soir (cela a peut-être été une indiscrétion de ma part, indiscrétion que je vous prie de me pardonner), hier soir, dis-je, je m'étais faufilé au milieu de votre campement et j'assistai à la prière du mois de Marie, laquelle m'a beaucoup impressionné. Votre prédicateur a dit que pour toute la catholicité, le mois de mai était un mois béni, où les prières des fidèles étaient peut-être mieux exaucées que jamais, et cela par l'intercession de la Bienheureuse Vierge que nous vénérons aussi, nous, musulmans, ainsi que vous la vénérez vous-mêmes.

Je viens donc vous prier très humblement, de vouloir bien, pendant ce mois, prier et faire prier par vos pèlerins pour la conservation des jours précieux de notre bien-aimé Souverain, Sa Majesté Impériale Abd-ul-Hamid II.

Quoique votre religion ne soit pas la sienne, les prières de tous sont adressées à un seul et même Dieu, Lequel, si ses vues n'étaient pas impénétrables, aurait pu nous faire naître tous dans une seule et même religion.

Priez, oh! oui, priez ardemment pour le monarque généreux, libéral, le plus éclairé et le plus aimant du progrès de tous les Sultans qu'ait jamais eus la Turquie. Celui qui ne cesse de prodiguer ses bontés à tous. Le protecteur de toutes les sectes religieuses quelles qu'elles soient. Celui qui, sous son règne, a voulu que tous, chrétiens, musulmans ou juifs, soient égaux et qui protège plus particulièrement les catholiques pour lesquels il y a, en Turquie, une liberté de culte certainement beaucoup plus grande qu'en Europe même. J'ai entendu la manifestation de votre désir pour qu'une église soit construite à Djenine; ce désir parviendra aux pieds de Sa Majesté Impériale et je ne crois pas qu'il y ait difficulté, car pas une prière ne lui est adressée, et cela de quelque côté qu'elle lui parvienne, sans qu'il n'y fasse immédiatement droit, car sa bonté est inépuisable. Et pour vous montrer qu'il aime particulièrement les religieux catholiques, je vais vous raconter le fait qui s'est passé il y a peu de temps.

Deux religieuses de Saint-Vincent de Paul, aussi généreuses et aussi charitables que votre bonne Sœur Camomille, voulurent aller chez Sa Majesté pour lui demander la grâce d'un condamné à mort.

Les bonnes religieuses se présentèrent au palais de Ildiz, et quoique l'entrée en soit très difficile habituellement, Sa Majesté ayant été avertie, elles furent aussitôt introduites et furent reçues très affablement par le Sultan, qui leur accorda, avec beaucoup de bonheur, la grâce demandée, les combla de présents et d'aumônes pour leurs pauvres et donna ordre à ses chambellans de faire pénétrer les religieuses de leur Ordre à quelque heure du jour et à n'importe quel moment où elles demanderaient à être introduites auprès de Sa Majesté.

Voilà, mon Très Révérend Père, pourquoi je demande vos prières et celles de vos pèlerins. Il est de règle, en Turquie, que dans toutes les églises, synagogues ou mosquées, les fidèles joignent à leurs prières une invocation pour la prolongation des jours du Sultan, je ne crains pas d'espérer que vos pèlerins en feront autant et cela en retour de la protection qui leur a été accordée par le gouvernement de Sa Majesté, afin que leur voyage ait lieu dans les meilleures conditions de sécurité qu'il soit possible.

J'ai l'honneur, mon Très Révérend Père, en vous souhaitant un bon voyage, de vous prier de vouloir bien agréer l'assurance de mon profond respect.

UN MUSULMAN.

Au souper qui suivit la pieuse inauguration du mois de Marie la fatigue fut vite oubliée en chantant les vers entraînants composés par le P. Marie-Jules en l'honneur des jeunes gens du pèlerinage :

AUX JEUNES GENS

Refrain.

Fêtons ici notre jeunesse,
Elite de nos chevaliers ;
Ton ton, ton ton, ton taine, ton ton.
A tous ces preux, gloire, largesse,
Pour eux la fleur de nos coursiers,
Ton ton, ton taine, ton ton.

Au premier rang, sur le front de bataille,
Vous escortez le drapeau triomphant ;
A votre aspect, plus d'une âme tressaille,
Et devant vous s'incline le turban.

Quand vous passez, phalange pacifique,
Portant bien haut le signe de la Croix,
Semble renaître le temps héroïque
Des saint Louis, Tancrède et Godefroy.

Pour la colonne, un soutien salutaire,
Vous nous gardez des fureurs du Bédouin.
Si, d'une main, vous portez le rosaire,
On voit, dans l'autre, un revolver au poing.
Chrétien sans peur, c'est la foi qui t'anime ;
L'Eglise en toi reconnaîtra son fils.
Crois-le, Français, tu seras magnanime
Si tu portes la croix et le fusil.

Inspirez-vous de nos gloires passées,
Qui, sous vos pas, émergent de ces lieux ;
Plaines, collines furent arrosées,
En ce pays, du sang de vos aïeux.
S'il le fallait, fiers enfants de la France,
Pour Jésus-Christ, tous vous sauriez mourir ;
Aussi mon cœur conserve l'espérance,
Mon beau pays, de te voir refleurir.

Quand finira notre pèlerinage,
Vous reviendrez plus saints et plus vaillants ;
Et vous ferez l'histoire du voyage
A vos amis, au beau pays des Francs.
Vous reverrez vos châteaux, vos chaumières,
Et le cœur plein de sainte émotion,
Vous entendrez et vos sœurs et vos mères
Vous dire en chœur : « Parle-nous de Sion. »

Avant de laisser la tente-réfectoire, le P. Bailly
nous donne des avis pour le lendemain vendredi :
c'est le 1er mai, fête des apôtres Jacques et Jean ;

en Palestine, cette solennité est une fête d'obligation. Nous ne devons donc pas manquer la messe
qui sera célébrée à 4 heures moins un quart, parce
que demain nous devons fournir la plus longue
étape de tout le voyage.

Après ces avis, on se retire sous la tente, et le
lendemain, dès 3 heures 1/4 du matin, la voix
sonore du P. Directeur retentit dans le camp :
« Benedicamus Domino. » De toutes les tentes on
répond : « Deo gratias, » et chacun secouant sa
torpeur sort de son étroite couche et s'habille à la
hâte. Il fait encore nuit, les torches éclairent toujours le camp. Autour de l'autel improvisé hier
soir, plusieurs cierges s'allument, et déjà Mgr de
Luxembourg revêt les ornements sacerdotaux pour
célébrer la sainte Messe. Les pèlerins se groupent
et le Saint-Sacrifice commence au milieu du plus
grand recueillement. Vers la fin de la messe, le jour
paraît, et quand les dernières étoiles s'éteignent à
l'horizon, l'orient s'éclaire déjà des premiers feux
de l'astre du jour ; c'est le moment où les pèlerins
s'avancent vers l'autel portatif pour recevoir la
Sainte Communion. Touchant spectacle, cérémonie
émouvante ; elle n'a eu lieu que deux matins pendant notre voyage, mais chaque fois elle a produit
dans nos cœurs une émotion profonde et laissera
dans nos esprits un doux souvenir.

Après la messe de Mgr Koppès, le P. Bailly
célèbre une messe d'actions de grâces avant la fin

de laquelle chacun doit être prêt à monter à cheval. On mange à la hâte quelques œufs crus, on absorbe du bouillon de chameau et on part.

Dès 5 heures, nous gravissons les pentes qui conduisent à Dothaïn. La chaleur est épouvantable : durant toute cette journée, la plus terrible de tout le voyage, la température a été de 42° cent., et il a fallu faire douze heures et demie de cheval sous ce soleil torride.

Comme hier, les souvenirs bibliques abondent sur notre route : nous rencontrons d'abord Dothaïn, où Joseph fut vendu par ses frères. On voit encore quelques troupeaux dans ce vallon biblique, et plusieurs bergers sont assis tranquillement à l'ombre des térébinthes. Nous cherchons inutilement des yeux la citerne où les mauvais frères descendirent Joseph après l'avoir dépouillé de sa robe aux mille couleurs.

Vers 8 heures 1/2, nous nous arrêtons dans une petite vallée ombragée de quelques oliviers et de quelques térébinthes ; nous y cherchons vainement un peu de fraîcheur, et M. de Piellat fait défoncer quelques caisses de conserves pour réparer les forces des pèlerins.

Après une demi-heure de repos, nous repartons, et nous montons les flancs d'une montagne aride et sans ombrages. Nous dépassons l'ancienne Béthulie (aujourd'hui Sanour), c'est la patrie de Judith, célèbre par le meurtre d'Holopherne ; et enfin nous parvenons sur le sommet d'un coteau où se trouvent les ruines de l'antique Samarie (aujourd'hui Sébastyeh).

Il est midi, la chaleur est intense; un seul olivier est au milieu des ruines pour abriter 300 personnes et autant de chevaux; heureusement on a fait dresser une petite tente pour les pèlerins, mais elle est insuffisante, et plusieurs groupes sont obligés de déjeuner en plein soleil. La chaleur a corrompu les œufs et la viande, elle a aigri le vin; l'eau de Sébastyeh est sale et trouble; le kamsin nous énerve; nous faisons un piètre repas.

Après quelques instants de repos, le Fr. Liévin veut nous expliquer l'histoire de Samarie, ses transformations et ses gloires antiques, mais la grande majorité des pèlerins anéantis par la chaleur s'intéresse peu au récit du savant religieux. Mieux vaudrait cependant l'écouter, car nous cherchons en vain le sommeil sous un maigre olivier, et des Arabes à moitié habillés viennent nous agacer en nous offrant des os d'animaux avec lesquels ils ont composé des porte-cigares ou des fume-cigarettes fort peu engageants; j'en achète un pour me débarrasser de ces vendeurs importuns, mais au contraire les autres, voyant ma bonne volonté, me harcèlent de leurs demandes intéressées. Je suis obligé d'appeler un drogman qui les chasse à grands coups de bâton.

Il est 1 heure, il faut partir; nous remontons à

cheval par cette chaleur caniculaire et nous devons chevaucher encore pendant plus de six heures. Nous faisons d'abord le tour de l'antique cité ; nous passons entre deux rangées de colonnes antiques qui s'alignent sur une longueur de deux kilomètres : seulement ces colonnes sont disposées dans une symétrie étrange et absolument inintelligible. Formaient-elles une espèce de voie triomphale ou un marché couvert gigantesque, c'est ce que nous nous demandons en suivant cet étrange chemin. Dans le lointain, on voit les flots d'azur de la Méditerranée, et vers le nord nous apercevons Césarée ou plutôt les ruines de cette ville ; c'est là que, prisonnier, le vaillant apôtre saint Paul convertit les factionnaires romains en leur prêchant le jugement à venir. Mais... nous sommes presque insensibles à ces vieux souvenirs ; la chaleur nous épuise ; pour ma part, je passe toute cette longue après-midi assoupi sur le dos de mon cheval qui lui-même se ressent de la chaleur et marche péniblement.

Chemin faisant, nous rencontrons les monuments funéraires de saint Jean-Baptiste, d'Abdias et d'Elisée ; nous les regardons à peine, et nous arrivons à 7 heures du soir seulement à Naplouse, l'antique Sichem.

A mesure que nous approchons de cette ville, le terrain est plus cultivé ; des fontaines nombreuses permettent aux jardiniers d'arroser leurs légumes, et nous admirons des multitudes de petits jardins parfaitement soignés, ratissés et divisés comme aux environs de Paris.

Naplouse est bâtie dans une situation pittoresque sur les flancs du Garizim. Ses maisons ont un aspect assez gracieux ; elles ont presque toutes des terrasses, et quelques-unes, par leur architecture gothique, rappellent les croisades.

Au point de vue biblique, Sichem est une cité pleine de souvenirs : Abraham, en quittant la Chaldée pour obéir à l'ordre de Dieu, s'arrêta à Sichem, et Dieu lui promit de donner cette terre à sa postérité. Auprès de cette antique ville, Joseph et ses frères ensevelirent la dépouille mortelle de leur père Jacob, qu'ils avaient rapportée d'Egypte. Plus tard, nous retrouvons là Jésus prêchant l'Evangile à la Samaritaine.

Naplouse est une ville de 25,000 habitants, tous musulmans ou juifs, à l'exception de 250 environ qui sont chrétiens ; il y a, depuis deux ans seulement, un missionnaire latin et une église catholique.

Notre camp est dressé à l'entrée de la ville, dans un terrain pierreux, au milieu d'un cimetière arabe — triste voisinage ! — La Sœur Camomille nous attend avec son breuvage salutaire, et quelques minutes après l'arrivée au camp, on se met à table.

La chaleur est tombée, on se remet peu à peu ; à la fin du repas, nous pouvons applaudir les beaux

vers du P. Marie-Jules aux Dames du pèlerinage.
Nous voulons les donner en entier :

Refrain.

Mironton, ton ton, mirontaine,
Les dames vont en guerre,
Tout de blanc habillées (*ter*).
On entend
Dans les champs
Les échos
Les plus beaux,
Echos du *Gloria*,
De l'*Ave Maria ;*
Les dames sont là (*bis*).

Air de chasse.

Elle a quitté son noir fuseau d'ébène,
Pour la quenouille a pris le baudrier ;
Elle est ici, la noble châtelaine ;
Elle est ici, la fille d'ouvrier :
A Sion elles vont prier.

Le chevalier partait seul en croisade,
L'âme vaillante et le cœur plein d'espoir,
A son épouse il donnait l'accolade
En lui disant : « Garde bien mon manoir » ;
La femme aujourd'hui veut tout voir.

Dames en chœur font une chevauchée,
Bannière au vent attire leur regard
Sous l'âpre roc ou sur l'herbe fauchée.
Prier, chanter, c'est l'ordre du départ,
Noguez, en main, tient l'étendard.

Quand des sommets nos fières amazones
Aux plis flottants descendent aux vallons,
Il semblerait que des célestes zones
Des anges blancs sont venus sur les monts ;
Mais soudain le bruit des chansons....

D'instinct, Madame a l'esprit en prière,
Sur son cheval, même parfois dessous.
Qui n'entendit l'illustre cavalière
Chanter encor : Vierge, priez pour nous ;
Pitié ! Seigneur, *exhaussez*-nous.

Sur son cheval quand pressant l'étrivière,
Rapide, fuit madame de Vanssay,
On croit revoir Jeanne d'Arc la guerrière
Qui courait sus pourfendre les Anglais.
Dans son cœur bat l'honneur français.

Passer les mers, monter aux Pyramides,
Au mont Sion, enfin aller s'asseoir,
N'est point le fait de tant d'âmes timides.
Honneur à vous, mesdames.... puis bonsoir,
Le ciel étend son voile noir.

Après le dîner, le P. Directeur nous invite à nous rendre en procession à la chapelle catholique pour y recevoir la bénédiction du Très Saint Sacrement. On est épuisé par la chaleur, mais chacun tient à faire ce sacrifice et à l'offrir au Ciel. On part à travers la nuit, malgré la fatigue. Plusieurs pèlerins cependant sont obligés de rester sous la tente en proie à une fièvre dévorante causée par l'extrême chaleur.

Après le salut, nous revenons au camp et nous

cherchons en vain un sommeil réparateur. L'excellent docteur Baille, d'Orléans, parcourt les tentes et distribue généreusement de la quinine aux malades ; il me trouve un peu de fièvre et m'administre une dose de la poudre réconfortante. Nous dormons tant bien que mal avec des lits peu équilibrés, en compagnie d'une collection de moustiques fort gênants.

Dès 4 heures du matin, le P. Baud est debout pour aller dire sa messe à la chapelle catholique ; nous n'avons pas le courage de le suivre. La chaleur de la matinée est épouvantable ; une bouteille de lait frais à nos pieds, nous restons jusqu'à midi appuyés contre un arbre, cherchant vainement un peu de fraîcheur. Auprès de nous, se trouve un prêtre de Paris, M. l'abbé Decorbie, vicaire à Saint-Sulpice déjà à l'époque où je faisais mes études au séminaire de la capitale. J'ai l'avantage de connaître ce saint prêtre et je m'informe de sa santé. Il est depuis la veille en proie à une fièvre dévorante. Le Dr Baille veille sur lui ; il est inquiet. Le Père Directeur qui vient voir le malade nous dit que depuis onze ans il n'a pas vu de traversée de la Samarie si chaude et si pénible ; malgré tout, il bénit le ciel, parce que nous avons fort peu de malades ; on espère du reste que le vent changera dans la soirée et que la brise des montagnes nous apportera quelque fraîcheur.

Pendant cette longue et chaude matinée, plusieurs

prêtres pèlerins vont célébrer la Sainte Messe au puits de Jacob, situé à 2 kilomètres de l'autre côté de Sichem; j'admire leur courage et j'envie leur sort, mais je crois plus prudent de profiter de ces quelques heures pour me reposer.

Vers 9 heures, le P. Baud, toujours vaillant, part avec plusieurs pèlerins pour aller voir le fameux pentateuque samaritain à la synagogue juive. Les samaritains ne sont guère plus de 150 à Naplouse, où ils étaient jadis si nombreux. Obstinément fidèles à leur vieille religion, ils se marient entre eux. Comme les Juifs de Jérusalem, ils vont souvent baiser les ruines de leur temple détruit, et se plaisent à espérer contre toute espérance.

Le pentateuque se trouve, paraît-il, dans un grand tabernacle recouvert d'un canopée. Un prêtre samaritain le sort de cet écrin et le montre aux curieux avec une visible satisfaction ; il raconte que ce précieux manuscrit a été copié à Naplouse même, il y a 3,400 ans, par le neveu de Moïse ; mais rien de décisif, malgré les études de plusieurs savants, ne prouve à la science l'antiquité et l'authenticité de ce document.

Il est 11 heures, on se met à table ; la chaleur paraît moins forte. Pendant le dîner, M. Decorbie, toujours en proie à la fièvre qui le dévore, est saisi d'une congestion terrible ; on l'entraîne hors de la tente ; la bonne sœur Joséphine et le docteur constatent rapidement la gravité du mal. On le porte

SERVICE FUNÈBRE DANS

ILLE DE N.-D. DE FRANCE

Mgr de Tulle donne l'absoute.

chez les prêtres du patriarcat et il est entouré de ses trois amis : MM. Rousseau, Rose et Hennecort, l'étudiant en médecine qui seconde le docteur, de la Sœur et de M. le comte de Piellat.

Arrivé sous la demeure hospitalière des prêtres français, la crise recommença, et une heure après, malgré des frictions énergiques et constantes, on s'aperçut qu'il succombait.

La Sœur Joséphine lui révéla son état ; il avait repris connaissance ; elle lui proposa de faire le sacrifice de sa vie.

— En suis-je là, demanda-t-il ?

— Oui, dit la Sœur, et elle insista :

— Je le fais bien volontiers pour la France et le Pèlerinage, répondit doucement le pauvre prêtre agonisant.

Les missionnaires du patriarcat lui donnèrent l'extrême-onction. Il put s'unir encore aux prières, et, après la cérémonie, il dit quelques mots à la Sœur :

— C'est bien vous qu'on appelle Sœur Joséphine ?

— Oui, répondit la Sœur.

— Eh bien, j'ai dit ma dernière messe à Nazareth afin que vous puissiez venir nous soigner en route.

Quelques minutes après, il expirait entre les bras de ses amis.

Prêtre zélé, il était très connu à Paris dans la paroisse modèle où il exerçait depuis de longues années le saint ministère. Tout dévoué aux œuvres de jeunesse, il avait accepté avec le plus grand plaisir l'honneur de servir d'aumônier au groupe des jeunes gens.

Une souscription des pèlerins permettra dans quelques mois de lui élever à Naplouse un monument funéraire, et les pèlerins de l'avenir s'arrêteront sur cette tombe afin de prier pour le prêtre de la jeunesse tombé sous les murs de Sichem au pèlerinage de 1891.

Pendant que ce triste événement s'accomplissait dans le modeste presbytère des Pères catholiques de Naplouse, la caravane des pèlerins s'était mise en route pour Saint-Gilles. Nous ignorions l'issue de la maladie de M. Decorbie et nous partions préoccupés. La chaleur cependant était moins forte.

Nous traversons la ville, en passant par des rues tortueuses et sales et sous des voûtes obscures d'où l'eau suinte désagréablement ; les habitants nous regardent passer ; leur physionomie n'indique pas la sympathie. Un quart d'heure après avoir dépassé Sichem, nous nous arrêtons au milieu d'un champ ensoleillé ; quelques pèlerins continuent leur chemin craignant la forte chaleur, mais nous suivons volontiers le Fr. Liévin ; ces lieux bénis sont le souvenir d'une scène évangélique si consolante. Au milieu du champ se trouve un trou béant ; il communique avec le puits de Jacob : c'est l'endroit où Jésus demanda à boire à la Samaritaine. C'est là que le bon Maître prononça ces douces paroles, si souvent commentées par tous les Pères : *Si scires donum Dei* ; si vous connaissiez le don de Dieu.

La Samaritaine privilégiée à qui Dieu révéla la douceur de la vertu et du devoir chrétiens est honorée comme sainte sous le nom de Photine. Après la mort du Sauveur, elle alla à Carthage prêcher Jésus-Christ et mourut en prison, après avoir converti ses gardes. Ses deux fils Victor et José furent martyrisés. Le premier était préfet de la milice à Rome. On conserve des reliques de sainte Photine (la Samaritaine) à Lisbonne, à Saint-Paul de Rome et à Saint-Jean de Bologne. Le chef de la sainte se trouve au Mont-Cassin.

A l'occasion de notre visite à ce puits vénérable, le P. Marie-Jules a composé de charmants vers, que le lecteur lira avec plaisir :

UN SOUVENIR AU PUITS DE LA SAMARITAINE

Air : du fil de la Vierge.

A l'Egypte en débris, même à sa Cléopâtre,
Au sphinx géant,
Je préfère ces lieux, où Joseph était pâtre,
Tout jeune enfant.

REFRAIN

Dans ces champs de Jacob vint le Fils de Marie,
C'était le soir.
Comme lui, reposant, au puits de Samarie,
J'ai pu m'asseoir.

J'ai voyagé trois jours au pays des montagnes,
    Sous le ciel bleu ;
Descendant des sommets, aux vallons des campagnes,
    Bénissant Dieu.

J'ai bravé la chaleur, la soif la plus ardente,
    Toujours content ;
Au lever du soleil, je repliais ma tente
    Toujours chantant.

Aux vallons de Sichem, un mot se fait entendre,
    Echo du lieu :
Il dit au pèlerin : *Si tu savais comprendre*
    Le don de Dieu.

A peu de distance du puits de la Samaritaine on nous montre le tombeau de Joseph ; c'est un grand sarcophage blanchi, qui certainement n'a jamais renfermé le corps du chaste Joseph ; mais il y a probablement au-dessous ou dans le voisinage un caveau où ce patriarche a été enseveli ; saint Jérôme et sainte Paule l'ont visité au ive siècle.

Nous rejoignons au trot la caravane et nous continuons notre chemin vers Saint-Gilles ou Sindjil. Le chemin est peu intéressant ; nous rencontrons fort peu de souvenirs bibliques. Vers 6 heures du soir cependant, sur le sommet d'une montagne, on nous montre l'antique Silo (aujourd'hui Siloun), où reposaient le tabernacle et l'arche d'alliance au temps des Juges. C'est là aussi que vint pleurer Anne parce que Dieu ne lui avait pas donné de fils. Le Seigneur, touché de ses larmes, exauça sa prière à la condition que l'enfant lui serait consacré. L'enfant fut nommé Samuel, et c'est sur ce coteau fleuri qu'il grandit, qu'il entendit la voix du Seigneur et reçut la terrible prédiction des malheurs qui menaçaient le grand-prêtre Héli, l'arche sainte et le peuple.

Avant de gravir la dernière côte qui précède Saint-Gilles, nous rencontrons une source excellente, d'où un certain nombre de femmes chargées d'outres pesantes reviennent chercher de l'eau. Nos montures connaissent probablement cette source; à 400 mètres environ nous ne pouvons plus les tenir. Je laisse la mienne prendre le galop; elle se jette dans le groupe compacte des chevaux déjà entassés autour de la pièce d'eau, et, au risque de m'écraser les jambes, elle se glisse entre deux robustes étalons et parvient au bord de l'onde rafraîchissante; j'ai de la peine à me dégager, et je ne puis mettre pied à terre qu'en marchant sur le dos des coursiers serrés les uns contre les autres comme des harengs saurs.

L'eau de la fontaine est exquise. M. le comte de B... m'en offre gracieusement avec de l'absinthe; cette boisson me réconforte. Mais la journée s'achève, le soleil est sur son déclin; nous ne pourrons arriver à Saint-Gilles qu'à la nuit. Les directeurs sont inquiets; la route, fort étroite, longe à partir de la fontaine des précipices très dangereux. On expédie un certain nombre de pèlerins en avant, afin qu'ils aillent reconnaître les tentes du camp et qu'ils envoient des moukres aux endroits les plus périlleux pour éclairer le chemin avec des torches. M. Dupré-Latour me charge de représenter notre groupe dans cette avant-garde, et avec cinq autres pèlerins, nous partons au galop à travers des sentiers rocailleux, glissants, malaisés et entourés de précipices vertigineux ; après une demi-heure de marche forcée, nous arrivons à Saint-Gilles ; nous expédions quinze ou vingt moukres éclairer le chemin, nous reconnaissons les tentes de nos groupes respectifs, et une demi-heure après nous avons la satisfaction de voir arriver toute la cavalcade en bon ordre. Tous les pèlerins ont longé les précipices sans aucun accident.

On se met à table avec entrain et gaieté ; on n'a reçu aucune nouvelle de M. Decorbie ; on espère toujours. Au dessert, le P. Bailly somme M. Bonnard, un jeune prêtre lyonnais de notre groupe, de redire la chanson qu'il composait et fredonnait en montant à Saint-Gilles :

AU CAMP — BONNE NUIT

C'est l'heure où le bon Pèr' Bailly
Nous souhaite une bonne nuit.
Les précautions sont bien prises,
Vous pouvez vous mettre en chemise.

Ha ! Ha ! Ha ! oui vraiment,
Les belles nuits qu'on passe au camp !

Des chardons, un nid de fourmis
Vous serv' de descente de lit ;
Vous tombez sur votre couchette,
Mais vos pieds sont plus hauts que vot'tête

Vos voisins sont de vieux amis,
Qu'un heureux sort à réunis,
Hélas ! ils ont beaucoup à dire,
Vous, vous ne pouvez que redire...

Quand ils ont fini de parler,
Les voilà qui se mett' à ronfler.
C'est un changement de musique,
Ne riez pas... ça d'vient tragique.

Onze heures ! enfin, ça va finir :
Loué soit Dieu ! je vais dormir ;
Quand tout à coup la tente craque,
Je reçois sur l'nez la baraque.

Au milieu d'un rêve doré,
Soudain, je me sens dévoré
Par une abominable bête
Qui se promène sur ma tête.

Poursuivez les microb' de nuit,
Mais n'grattez pas, « trop gratter cuit. »
Écoutez plutôt, sans colère,
Voilà qu'les ânes se mettent à braire,

Alors tous les chiens du pays
Se dis' : « Faut faire tapage aussi ».
On sonne' on siffle, on hurle, on crie,
Comment dormir, je vous en prie ?

Deux heur' ! Ah ! le calme se fait,
Dormons bien vite un tantinet ;
(Ah oui !) Des messieurs commencent leur messe,
Sans trop de bruit chacun se presse.

Si les chansons vous font plaisir
Les moukres vont vous en servir ;
Dès quatr' heur' ils vous rompent la tête,
C'est leur manière d'nous fair' la fête.

Attendez donc pour vous r'poser
Que le train vous ait déposés
Dans votre lit, en douce France.
En attendant, faites pénitence.

Ce chant original, exécuté sur l'air connu de
« Cadet Roussel », met tous les pèlerins en gaieté ;
on applaudit, et à la fin de chaque couplet on répète
avec enthousiasme :

Ha ! Ha ! Ha ! oui vraiment,
Les belles nuits qu'on passe au camp !

Après le diner, on se retire sous la tente pour la
dernière fois ; demain soir, s'il plait à Dieu, nous
coucherons à Jérusalem.

Dimanche 3 mai, fête de l'Invention de la Vraie
Croix, dès 3 heures, on sonne le réveil, et à 3 h. 1/2
la messe commence. Avant le Saint-Sacrifice, le
P. Directeur nous apprend la triste nouvelle de la
mort de M. Decorbie. Pèlerin comme nous, il était
parti pour la Jérusalem terrestre, et aux portes
mêmes de Sion, à la veille de rentrer dans la Ville

Sainte, il est allé visiter la Jérusalem céleste. Je ne le plains pas. Mgr Koppès célèbre la sainte Messe pour le repos de son âme. Nous prions avec ferveur. Mais cette triste nouvelle a produit naturellement une pénible impression ; à l'Offertoire, à côté de moi, un prêtre se trouve mal ; j'aide la sœur Joséphine et le bon docteur à le rappeler à la vie ; il s'obstine à ne rien vouloir prendre et reste longtemps abattu ; on le transporte sur une civière jusqu'à Ramalah.

Presque tous les pèlerins font la sainte communion après la messe de Mgr de Luxembourg. Même impression qu'à Djenine, même piété de la part de tous.

A 5 heures 1/2, nous devons partir ; au départ, je ne retrouve plus ma bride, elle est remplacée par un misérable bridon vieux et rapiécé. J'accuse mon moukre avec fureur ; le malheureux se défend avec calme ; je ne comprends rien à sa défense. Mon drogman m'explique que la bride a été volée pendant son sommeil, et l'illustre Morcos me promet de faire visiter les paquets de tous les moukres avant l'arrivée à Jérusalem. Nous partons ; nous descendons les coteaux de Sinjil. Nous chevauchions tranquillement quand, au détour d'un chemin encaissé, un grand nègre, qui regardait passer le défilé des pèlerins, se jette à la tête de mon cheval, le débride rapidement et s'enfuit dans les champs en emportant mon malheureux bridon.

Saisir ma cravache, sauter à terre et courir après mon voleur fut l'affaire d'un instant ; je rattrape le nègre au pied d'un rocher qui lui barre le chemin et je veux m'emparer du bridon ; mais mon adversaire résiste : une conversation s'engage : il ne comprend rien à mon français, je ne saisis pas un mot de son arabe ; la situation devient comique. Mon drogman heureusement nous aperçoit ; il arrive à cheval et réclame la restitution de la bride. Il s'engage alors entre le nègre et le drogman une longue conversation arabe à la suite de laquelle le premier lache le bridon. D'après les explications du drogman, mon moukre aurait volé ce bridon au nègre, mais celui-ci, sur ma demande et moyennant baghchich, consent à ce que je me serve de son bien jusqu'à Jérusalem. Le nègre pousse même l'obligeance jusqu'à venir remettre la bride à mon cheval, qui, pendant ce temps, broutait tranquillement l'herbe d'un fossé.

Nous nous arrêtons un quart d'heure à Béthel (maison de Dieu). C'est auprès de cette ville que Jacob eut sa vision de l'échelle mystérieuse. Nous dépassons ensuite El-Biréh, l'antique Beroth. Le Fr. Liévin nous apprend que ce village occupe l'endroit où la sainte Vierge et saint Joseph s'aperçurent que l'Enfant-Jésus ne les accompagnait plus.

Un peu au-delà de Beroth, nous apercevons dans le lointain la ville de Jérusalem, but sacré de notre voyage, et de nos cœurs comme de nos lèvres s'échappe un *Magnificat* enthousiaste. Du reste, nous voyons à quelques centaines de mètres le drapeau français qui flotte sur deux maisons voisines. C'est Ramalah (l'ancienne Rama). Des Sœurs françaises de Saint-Joseph, des Frères de la Doctrine chrétienne nous y attendent, et l'étendard de la patrie semble déjà nous saluer.

Nous arrivons, la bonne sœur Camomille, me trouvant sans doute mauvaise mine, m'entraîne avec quelques autres pèlerins au couvent des religieuses afin de mieux me soigner. On nous attend et on nous reçoit avec un luxe auquel nous ne sommes plus habitués. Il y a une nappe sur la table, et nous avons des verres, des assiettes, des carafes, toutes choses que nous ne connaissions plus ; aussi la bonne humeur est générale. Il n'est pas jusqu'aux malades (au nombre de cinq ou six seulement) qui ne se sentent déjà mieux dans ces couvents catholiques et français.

Nous devons recevoir le salut du Très Saint Sacrement avant de laisser Rama, mais auparavant on profite de notre présence pour faire plusieurs baptêmes. Les parrains et les marraines sont choisis parmi les pèlerins, et plusieurs se disputent cet honneur.

Il est 3 heures, nous partons directement pour Jérusalem, cette fois ; aussi quel entrain, quel enthousiasme ; la route est longue cependant et peu intéressante, mais enfin voici la tour de l'église

russe, le mont des Oliviers, toute la Ville Sainte.
Nous sommes sur le mont Scopus, d'où se déroule
un magnifique panorama ; nous mettons pied à
terre et baisons pieusement la poussière du chemin
pour gagner l'indulgence plénière. On s'arrête un
instant, et chacun cherche des yeux le dôme sous
lequel repose le sépulcre trois fois saint de notre divin
Sauveur.

On repart, mais alors la caravane est précédée
des cavas du consulat général de France, et sur les
bords du chemin les membres des nombreuses
communautés françaises et les autres pèlerins arrivés hier à la Ville Sainte forment la haie et nous
acclament avec enthousiasme. Le chant du *Magnificat* sort de toutes les poitrines ; on pleure, on est
heureux.

A l'entrée de Jérusalem, près de la porte de
Damas, un jeune Père Dominicain me regarde avec
insistance ; de mon côté je crois aussi le reconnaître.
Nous échangeons nos noms ; c'est bien le jeune P...,
élève de l'école Fénelon, à la Rochelle, comme moi.
Nous sommes heureux de nous revoir ; il suit mon
cheval jusqu'à N.-D. de France et me donne rendez-vous pour le lendemain.

Nous voilà enfin arrivés ; nous descendons de nos
montures dans la cour du superbe bâtiment des
Pères de l'Assomption et nous gagnons nos cellules ;
habituellement, les pèlerins se rendent immédiatement en procession au Saint-Sépulcre, mais, cette

année, l'entrée triomphale du pèlerinage est renvoyée au lendemain, parce que les grecs schismatiques célèbrent la pâque aujourd'hui. Tant mieux ! demain le corps sera plus reposé et l'esprit et le cœur jouiront davantage.

M. le curé de Saint-Etienne-du-Bois et moi sommes installés dans une cellule double qui est dédiée au Sacré-Cœur ; de notre fenêtre, qui donne sur la ville, nous apercevons le dôme du Saint-Sépulcre, tout resplendissant ce soir-là à cause de la pâque des grecs. Bénie soit la miséricorde de Dieu qui nous a conduits sains et saufs à Jérusalem auprès du tombeau glorieux de notre Sauveur Jésus !

CHAPITRE XI

JÉRUSALEM

Les Pères de l'Assomption, ces vaillants qui, chaque année, dans l'œuvre des pèlerinages, soit de Palestine, soit de Lourdes ou d'ailleurs, accomplissent des merveilles, ont voulu installer à Jérusalem une magnifique hôtellerie pour y recevoir les pèlerins français. Ils lui ont donné le nom de Notre-Dame de France. Bâtie sur un plan grandiose par un architecte de talent, la maison française donnera aux indigènes une haute opinion de notre patrie. Elle n'est pas encore terminée, mais chaque année de généreux bienfaiteurs permettent d'ajouter

LEGENDE EXPLICATIVE

MONUMENTS ANCIENS

A Tour Hippicus.
B — de David.
C — de Phasaël.
D — Mariamne.
E — de Siloé.
F — d'Ophel.
G Reste de Pont.
H Tour Xystus.
I Porte sous El-Aksa.
J Porte triple.
K Mur de Salomon.
L Porte murée.
M Porte dorée.

N Tour Hananéel.
O Piscine Bethesda.
P — Strouthiou.
Q Tour angulaire.
R Entrée des grottes royales.
S Tour de la porte de Damas.
T Tour Psephina.
U Piscine intérieure.
V Débris de la 2e enceinte.
X Mûr où pleurent les Juifs.
Y Ancienne porte El-Baraq.
Z Plate-forme du Temple.
W Emplacement de la tour Antonia.

MONUMENTS MODERNES

-Sépulcre.
e Sainte-Anne.
al grec.
ent latin S.-Sauve.
ent grec S.-Théodo.
arcat latin
s de Saint-Joseph.
s de Sion.
ce latin.
s du Pacha.
ce autrichien.
allemand.
ent grec catholique.
ent syrien.
arcat grec.
ce latin.
Saint-Basile.
Saint-Georges.

19 Hospice Saint-Nicolas.
De 20 à 29, Couvents grecs.
32 Piscine d'Israël.
33 Caserne turque.
34 Evêché protestant.
37 Ecole protestante.
38 Eglise protestante.
39 Hôpital anglais.
40 Hôpital prussien.
41 Diaconesses prussiennes.
42 Clergé protestant.
43 Couvent copte.
44 Khan des coptes.
45 Couvent des arméniens.
46 Patriarcat arménien.
47 Séminaire arménien.
49 Maison d'Anne.
50 Eglise Saint-Jacques.

51 Synagogue russe.
52 Synagogue polonaise.
53 Synagogue ancienne.
54 Hôpital juif.
55 Hôpital de Saladin.
56 Caserne de Sion.
57 Maison de Saladin.
58 Hôpital militaire.
59 Ancne maison du Pacha.
60 Hospice des Derviches.
61 Derviches tourneurs.
62 Collège turc.
64 Consulat d'Espagne.
65 Cimetière catholique.
68 Consulat d'Autriche.
69 Maison de Caïphe.

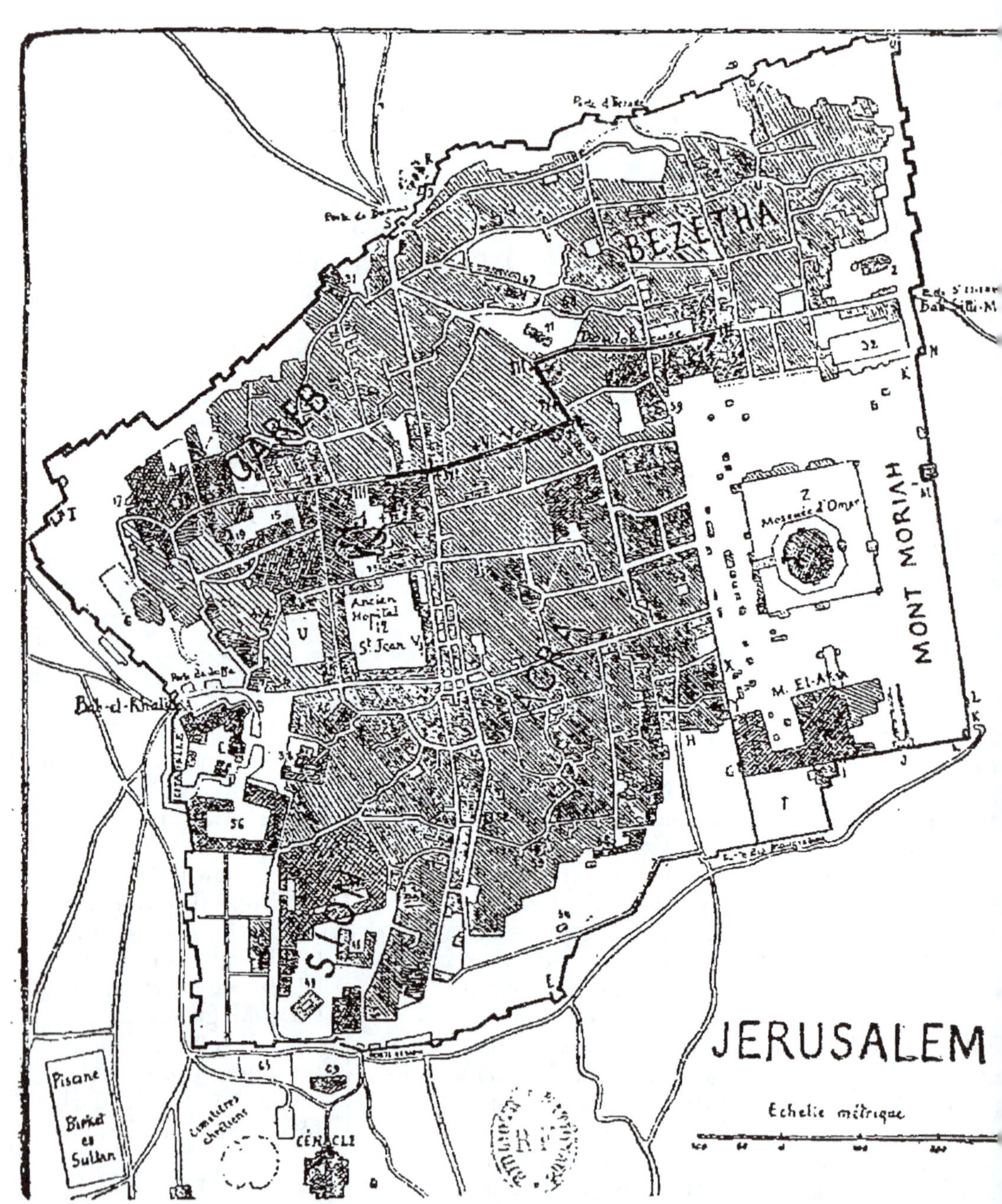

BEZETHA
MONT MORIAH
Mosquée d'Omar
Ancien Hopital
St Jean
M. El-Aksa
Porte de Damas
Porte d'Hérode
Bab-el-Khalil
Pisane
Birket es Sultan
Cimetières chrétiens
CÉNACLE
JÉRUSALEM
Echelle métrique

à l'édifice de nouveaux bâtiments, et bientôt Notre-Dame de France achevée sera un témoignage éclatant de la foi des Français catholiques et de leur attachement au tombeau du Christ.

Nous sommes donc à Notre-Dame de France. Le gigantesque réfectoire projeté n'est pas encore terminé, et le dîner est servi dans la grande galerie du rez-de-chaussée. Nous assistons au mois de Marie dans la chapelle de la maison, et nous regagnons nos cellules, heureux d'être à Jérusalem, et satisfaits de retrouver un vrai lit pour nous reposer. On ne connaît vraiment la valeur des choses qu'après en avoir été privé pendant quelque temps.

Lundi 4 mai. Quelle joie de se réveiller à Jérusalem ! A peine debout, nous nous précipitons à la fenêtre pour saluer le Saint-Sépulcre par un acte d'amour et un élan du cœur. Mon compagnon laisse la cellule du Sacré-Cœur avant moi, nous préférons être seuls pour nous livrer doucement aux joies de la première promenade dans Jérusalem. Je pars pour le Saint-Sépulcre ; je veux que ma première visite soit pour ce lieu sacré.

A travers des rues étroites, sales, mal pavées, encombrées de marmots déguenillés, je parviens jusqu'à l'insigne basilique. A l'entrée, un poste de soldats turcs nonchalamment étendus sur des nattes et fumant le narguileh : voilà les gardiens du plus précieux sanctuaire de la chrétienté !

A peine ai-je pénétré dans la basilique qu'un

bon Père Franciscain vient m'offrir de célébrer la
Sainte Messe au Calvaire ; j'accepte avec la plus
grande reconnaissance, et j'offre le Saint Sacrifice
à l'endroit même où Notre-Seigneur a été élevé en
croix. Quelle émotion ! Quel bonheur ! Combien je
remercie le ciel d'avoir permis que ma première
messe dans la cité sainte soit célébrée en cet endroit
où Jésus a tant souffert pour nous. Je reviens à
Notre-Dame de France : à 9 heures, le pèlerinage
doit se former en procession pour se rendre solennellement à l'église du Saint-Sépulcre.

Chemin faisant, je rencontre deux enfants qui se
disputent plusieurs cierges allumés et font en sorte,
malgré leur animosité, de ne pas les éteindre. Un
ancien pèlerin au courant des mœurs de Jérusalem
m'explique que ces enfants se querellent au sujet
du feu nouveau.

On sait que dans l'église latine, le samedi saint,
on fait jaillir le feu nouveau des veines d'un caillou,
mais les grecs schismatiques, objets tout particu-
culiers de la prédilection divine, n'ont pas besoin
de se donner cette peine ; le ciel même prend soin,
disent-ils, de leur envoyer le feu pascal (?).

Il se passe à cette occasion, chaque année, une
parodie sacrilège. Elle avait eu lieu la veille au
Saint-Sépulcre. Nous pensons qu'elle pourra intéresser le lecteur et nous en empruntons le récit à
l'intéressante brochure de M. Ayrout, jeune Egyptien
pèlerin de Jérusalem comme nous. Arrivé de la

veille, il a pu assister à cette triste cérémonie : il la raconte en ces termes :

« Vers 3 heures de l'après-midi, je pars en compagnie du R. P. Philippe Mallouk, vicaire général des grecs catholiques de Jérusalem, pour assister à cette cérémonie. C'est à grand'peine que nous pouvons franchir les rangs serrés des Grecs, des Russes, des Arméniens et des Cophtes venus pour assister à cette cérémonie. Par un escalier latéral, nous montons jusqu'aux galeries réservées aux Latins. A peine installés, nous apercevons un spectacle digne d'être signalé :

» Au lieu de prier et de se recueillir, la foule crie sans trêve ni repos ces paroles tout à fait déplacées : « O Juifs ! ô Juifs ! votre fête est la fête des singes » ou des diables ! La nôtre est celle du Christ qui » a opéré notre rédemption et nous a rachetés par » son sang ; aujourd'hui nous sommes contents et » joyeux, et vous êtes chagrins et tristes ! » Et reprenant toujours le même chant monotone, tous ceux qui sont présents battent des mains, dansent autour du saint tombeau du Christ, montent sur les épaules des autres quand ils ne trouvent pas assez d'espace pour donner libre cours à leur joie bruyante et inopportune.

» Tout à coup, le patriarche apparaît, revêtu d'ornements de la plus grande richesse, précédé d'un nombre surprenant de prêtres et d'évêques. Malgré la présence du prélat et l'ordre qu'il donne de cesser ce tumulte, le tapage continue avec plus d'intensité. La voix des chantres est couverte par des milliers de voix et par un redoublement de gesticulations désordonnées. Enfin, le patriarche, après avoir fait, à trois reprises, le tour du Saint-Sépulcre, pénètre seul sous le magnifique mausolée qui abrite l'auguste tombeau. Quelques instants après, un feu sort de deux lucarnes ogivales percées dans les parois du monument. Chacun tient en main trente-trois petits cierges liés ensemble et veut avant tout autre allumer cette gerbe au feu sacré ; on voit alors un spectacle étrange qui vous enlève toute émotion pieuse.

» C'est une bousculade générale dans laquelle chacun cherche à arriver avant les autres pour allumer le premier ses trente-trois cierges.

» Peu de temps après, des sacristains éclairent tous les cierges et toutes les lampes de l'église ainsi que les trente-trois petits cierges de chaque fidèle. Or, comme il y a plus de 3,000 personnes, et que chacun tient trente-trois cierges, le nombre des lumières s'élève à 99,000 ; si nous ajoutons encore 1,000 au moins appartenant à l'église, nous atteindrons le chiffre colossal de 100,000 lumières. On ne peut plus rester à l'église, car elle devient une fournaise, et l'épaisse fumée qui se dégage de ces milliers de bougies arrête complètement la respiration. Aussi nous empressons-nous de sortir à la hâte de ce divin sanctuaire.

» Au temps des croisades, d'après ce que racontent les historiens de cette époque, le miracle du *feu sacré* se produisait réellement, c'est-à-dire qu'un feu surnaturel sortait du saint tombeau sans qu'il y entrât personne. Toutefois, ce miracle ne fut constaté que quelques fois et ne se reproduisit plus depuis ; aujourd'hui c'est le patriarche grec qui allume lui-même ce feu, « et les *fidèles* croient qu'il est allumé par un miracle de Dieu.

» Les hétérodoxes de tous les rites entreprennent de longs et coûteux voyages uniquement pour voir le *feu sacré* et emporter des cierges allumés à ce feu. Des pèlerins russes conservent ce feu même jusqu'à leur retour dans leurs foyers, en le renouvelant sans cesse. »

Telle est la cérémonie burlesque qui s'était accomplie l'avant-veille dans la basilique du Saint-Sépulcre.

Mais retournons à Notre-Dame de France, où déjà les pèlerins s'organisent en procession. Nous partons de la chapelle à 8 heures. Voici l'ordre du défilé : Le drapeau français ; l'étendard du pèlerinage ; la bannière du Sacré-Cœur ; la croix et deux enfants de chœur ; les dames, deux à deux ; les laïcs, puis les prêtres dans le même ordre. NN. SS. de Tulle et de Luxembourg ferment le cortège. Nous passons devant l'hôpital Saint-Louis afin de rentrer en ville par la porte de Jaffa, et à travers des rues étroites et tortueuses nous arrivons au Saint-Sépulcre.

Pendant cette longue procession, qui dure près d'une heure, nous chantons sans interruption des hymnes à la gloire de Jésus et de Marie. Nous enlevons avec enthousiasme plusieurs cantiques français tels que :

> *Je suis chrétien, voilà ma gloire...*
> *Nous voulons Dieu,.. etc...*

Sur la place du Saint-Sépulcre, nous apercevons le consul français entouré de ses cavas somptueusement vêtus : il se tient debout à l'entrée du sanctuaire pour voir défiler devant lui le pèlerinage tout entier. C'est au chant du *Te Deum* que nous pénétrons dans l'enceinte sacrée, et nous allons nous grouper autour de l'édicule qui renferme le tombeau divin. Ah! alors, l'émotion des pèlerins est à son comble ; ensemble autour de ce sépulcre sacré, but de notre pèlerinage, nous prions pour l'Eglise et pour la France ; ensemble nous bénissons Dieu ; ensemble nous pleurons d'émotion et de joie sainte, et aucun de nous ne cherche à cacher ses larmes. On tombe à genoux afin de baiser le sol béni de ce sanctuaire trois fois sacré et on se relève en chantant le *Credo* catholique.

Ce beau chant de la foi s'achève, et voilà que sur un banc de marbre à côté de la porte d'entrée de l'édicule, monte un moine vénérable à la barbe blanche comme la neige, au visage austère, aux yeux doux et expressifs. Il commence d'abord

PLAN DE LA BASILIQUE DU SAINT-SÉPULCRE

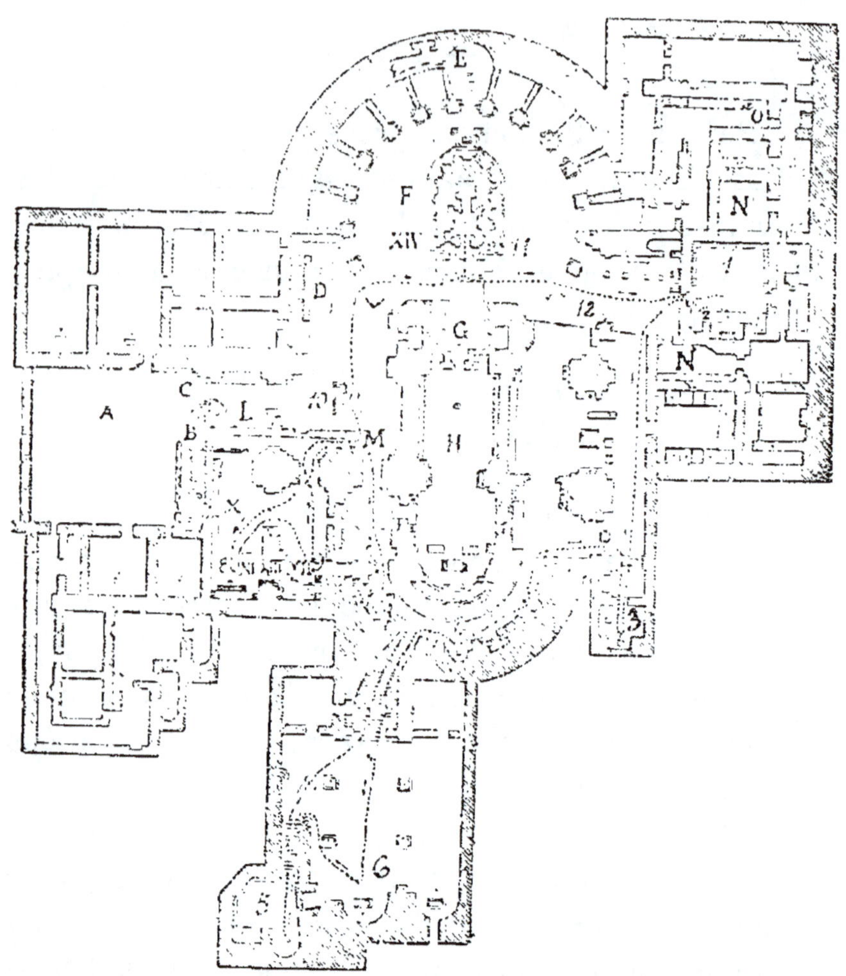

A Parvis.

A Entrée de la Chapelle des Sept-Douleurs.

C Porte de la Basilique.

D Place où se tenaient les saintes Femmes.

E Tombeau de saint Joseph d'Arimathie.

F Edicule du Saint-Sépulcre.

G Chœur des Latins.

H Chœur des Grecs.

L Escalier des Latins.

M Escalier des Grecs.

N Couvent des Franciscains.

O Citerne.

X, XI, XII, XIII, XIV, Stations du chemin de la Croix.

1 Chapelle de l'apparition de Jésus à la très sainte Vierge.

2 Colonne de la Flagellation.

3 Prison de N.-S. Jésus-Christ.

4 Lieu du partage des vêtements.

5 Chapelle de l'Invention de la Sainte Croix.

6 Chapelle de Sainte-Hélène.

7 Colonne des Impropères.

8 Lieu du crucifiement.

9 Lieu où la croix fut plantée.

10 Pierre de l'Onction.

11 Saint-Sépulcre.

12 Lieu de l'apparition à sainte Madeleine.

avec calme, mais quand il parle de la patrie, au souvenir de la France aimée, il s'enthousiasme, il est entraînant, éloquent et vrai, et nous l'écoutons avec la plus douce émotion et le plus grand plaisir. Cet orateur est le P. Jérôme, le vicaire de la custodie de Terre-Sainte, c'est-à-dire celui qui occupe la deuxième place à la tête des Franciscains qui ont la garde des sanctuaires de la Palestine. Après le sermon du R. P. Jérôme, il est permis aux pèlerins de pénétrer dans l'intérieur de l'édicule et de vénérer le tombeau glorieux du Christ, et la cérémonie est terminée.

A dater d'aujourd'hui, les pèlerins sont libres de suivre le pèlerinage ou de visiter en particulier les différents sanctuaires de Jérusalem ; aussi nous ne suivrons plus l'ordre chronologique des exercices communs, mais nous raconterons nos pérégrinations particulières.

Après la cérémonie touchante dont nous venons de parler, nous visitons la basilique du Saint-Sépulcre avec quelques pèlerins. Nous retournons à la porte d'entrée, où les soldats turcs fument toujours nonchalamment leur éternel narguileh, et devant nous, nous trouvons un bloc rectangulaire de marbre rouge. C'est la « Pierre de l'Onction ». La tradition chrétienne prétend que sur ce marbre Joseph d'Arimathie et Nicodème déposèrent le corps de Notre-Seigneur Jésus-Christ, après sa mort, afin de l'embaumer suivant l'usage des Juifs. Nuit et jour, autour de cette pierre, brûlent huit belles lampes de cristal. Nous nous agenouillons respectueusement et baisons avec amour ce marbre saint sur lequel on a rendu les derniers devoirs à notre divin Sauveur.

Nous nous tournons ensuite à gauche, et nous saluons fièrement le souvenir de Godefroy de Bouillon et de son frère Baudouin, dont les tombeaux sont creusés là, sous la roche du Calvaire. La chapelle dans laquelle reposent les cendres de ces héros est appelée la chapelle d'Adam. Les grecs montrent dans un creux de rocher au-dessous de l'endroit où fut plantée la croix de Jésus, un crâne humain qu'ils disent être le crâne du premier homme. Je comprends le rapprochement entre le souvenir du premier homme qui nous perdit, et de Jésus-Christ, le nouvel homme qui nous sauva ; mais cette chapelle et ce crâne sont, paraît-il, une pure invention des grecs schismatiques.

Sortons de la chapelle d'Adam et escaladons la roche du Calvaire. Un escalier de treize marches nous y conduit et nous fait pénétrer dans un sanctuaire bas et sombre au fond duquel sont dressés trois autels. Le premier, à gauche, est établi à l'endroit même où le Sauveur, cloué sur la croix, mourut pour le salut du monde ; il appartient aux grecs schismatiques. Au-dessous de la table de marbre de l'autel se trouve une petite plaque de cuivre doré. On la soulève et on considère avec émotion le trou béant où fut planté jadis l'instrument sacré de notre Rédemption. A gauche de cet autel, les fidèles peuvent toucher la fente miraculeuse du rocher. Cette fente, on le sait, se produisit entre la croix de Jésus et celle du mauvais larron, aussitôt la mort de l'Homme-Dieu. Un mètre plus loin, toujours à gauche, se trouve l'autel de la Compassion de la Sainte Vierge : la tradition rapporte que la Mère de Dieu se tenait en cet endroit avec saint Jean, lorsque son divin Fils lui parla sur la croix avant de rendre le dernier soupir. A côté on voit la chapelle du Crucifiement, au lieu où le Christ fut cloué sur la croix. Enfin, attenant au Calvaire, à peu près au même niveau, est bâti un petit oratoire où l'on entre par un escalier extérieur ; il occupe la place même où se tenait la Vierge-Mère pendant le crucifiement de Jésus. On l'appelle vulgairement la chapelle des Francs, et elle est dédiée à N.-D. des Sept-Douleurs. Les trois derniers autels appartiennent aux catholiques latins, et j'ai eu le bonheur de célébrer la Sainte Messe à chacun d'eux.

Pendant mon séjour à Jérusalem, le Calvaire était l'endroit privilégié où j'aimais à me retirer. On y est plus à l'aise et plus tranquille qu'au Saint-Sépulcre. Du reste, y a-t-il au monde un autre lieu où l'on puisse éprouver d'aussi fortes émotions ? C'est bien sur le Calvaire qu'il faut venir réfléchir sur la Passion et ses mystères, qu'il faut surtout y pleurer ses péchés. Que de fois j'ai médité, que de douces larmes j'ai versées dans ce sombre sanctuaire si plein des souvenirs les plus sacrés. Là, mieux que partout ailleurs, j'ai compris la bonté de Dieu pour nos âmes ; là, mieux que dans la plus solitaire retraite, j'ai entendu la douce voix de Jésus parler à mon cœur.

Mais nous descendons du Calvaire par un autre escalier de dix-huit marches très étroites et très raides et nous contournons la roche du Golgotha. Voici la chapelle grecque des Injures ; c'est là que Notre-Seigneur Jésus-Christ fut souffleté par les soldats. On y voit un tronçon de colonne sur lequel était assis Jésus lorsqu'il fut couronné d'épines. Quelques pas plus loin, nous arrivons par un escalier de vingt-huit degrés à la chapelle souterraine de Sainte Hélène, propriété des Cophtes, qui la louent aux Arméniens. A droite, un autre escalier de treize marches conduit à la chapelle de « l'Invention de la Sainte-Croix » ; elle appartient aux Pères Franciscains et elle est établie à l'endroit même où Sainte Hélène découvrit la croix du Sauveur, celles des deux larrons, le titre de la croix de Jésus, les clous et les éponges qui servirent à la Passion.

Remontés dans l'église même du Saint-Sépulcre, nous continuons notre inspection et nous visitons successivement : la chapelle du Partage des vêtements de Jésus ; celle de saint Longin, le soldat qui perça le côté gauche du Sauveur et se convertit ensuite ; la prison où l'Homme-Dieu fut gardé en attendant son supplice ; la chapelle de sainte Madeleine, située sur l'emplacement où la pécheresse convertie reçut la visite de Jésus après sa résurrection, et celle de la Sainte Vierge, voisine de la précédente, où Marie reçut, la première, dit la tradition, les embrassements de son divin Fils ressuscité. Ce dernier sanctuaire sert de chœur aux moines franciscains : il possède trois autels et l'un d'eux contient une partie de la colonne de la Flagellation. Une fois par an seulement, le mercredi saint, cette insigne relique est exposée à la vénération des fidèles, mais, par une faveur spéciale, les pèlerins français purent la vénérer à plusieurs reprises.

Ces chapelles que nous venons de visiter sont établies autour du chœur des grecs schismatiques. Ce chœur, qui était autrefois celui des chanoines latins, est orné avec profusion de marbres précieux, d'or et d'argent ; mais l'ensemble est sans goût et sans ordre. Au fond, en face de la porte d'entrée du Saint-Sépulcre, on voit le siège patriarcal.

Nous sommes enfin sous le grand dôme, en face de l'édicule du saint Sépulcre. La façade surchargée de lampes allumées, de cierges et d'ornements bizarres, rappelle un peu les monuments byzantins de Venise. L'intérieur est divisé en deux parties qui communiquent entre elles par une porte basse et étroite. Dans la première, appelée la chapelle de l'Ange, se trouve une pierre sur laquelle le messa-ger céleste était assis lorsque les saintes femmes venues pour embaumer le corps de leur Maître constatèrent sa résurrection. La seconde renferme le tombeau du Christ; elle mesure à peine 2 mètres de long sur autant de large. A droite se trouve le Saint Sépulcre; il est inhérent au parvis de l'édicule, et a 0 m. 93 de largeur et 1 m. 79 de longueur. Il est entouré de marbre blanc; autour du tombeau 43 lampes brûlent jour et nuit.

Voici donc le tombeau glorieux du Sauveur; nous nous prosternons et nous adorons; nous bai-sons avec ardeur le marbre du Sépulcre et nous restons longtemps plongés dans nos pieuses médi-tations. Mais, hélas! ici comme au Calvaire, les Grecs et les Arméniens schismatiques ont aussi bien que les catholiques le droit d'officier : on doit se renseigner sur les heures de chacun afin d'y venir prier à son aise.

Pour résumer cette longue description, disons que cette insigne basilique se compose de trois églises : celle du Saint-Sépulcre, celle du Calvaire et celle de l'Invention de la Croix. L'ensemble du sanctuaire est bâti dans la vallée où se dressait le coteau appelé Golgotha.

On sait que dès le 1er siècle Constantin fit bâtir en cet endroit une splendide église qui contenait

LE SAINT-SÉPULCRE (EXTÉRIEUR DE L'EDICULE)

comme celle-ci, dans son enceinte, le Calvaire et le Saint Sépulcre. Au VIIe siècle, l'impie Chosroës la détruisit. Plus tard, Modeste, évêque de Jérusalem, entreprit de réparer ce désastre et fit construire plusieurs chapelles ; le plan de Modeste fut complété au XIe siècle par la rotonde qui recouvre le saint Tombeau, et en 1130 les Croisés bâtirent la façade sud qui est l'entrée actuelle. Au commencement de ce siècle, un incendie attribué à la malveillance détruisit cette coupole, et elle fut reconstruite par les Grecs schismatiques. En 1862, comme elle menaçait ruine, la France, la Russie et la Turquie la firent restaurer à frais communs. Telle est, en quelques mots, l'histoire de l'insigne basilique.

Le lendemain de notre entrée solennelle au Saint-Sépulcre, eut lieu dans la chapelle de N.-D. de France un service funèbre pour le repos de l'âme de M. l'abbé Decorbie, prêtre sulpicien, décédé à Naplouse. Comme ancien élève de Saint-Sulpice, on m'avait choisi pour remplir à la messe l'office de diacre. L'absoute fut donnée par Mgr Denéchaud, évêque de Tulle. La plupart des pèlerins assistèrent à cette triste cérémonie, au cours de laquelle le R. P. Bailly prononça une émouvante allocution.

A propos de cette mort si triste et si consolante à la fois, le P. Marie-Jules nous lut, après le repas du soir, une délicate pièce de vers que voici :

A LA MÉMOIRE

DE NOTRE CHER CONFRÈRE DÉCÉDÉ, M. L'ABBÉ DECORBIE

Air du fil de la Vierge.

Nazareth, on l'a dit, est la cité fleurie
    Où Gabriel
Rappelle au pèlerin ton sourire, ô Marie,
    Reine du ciel.
Mais à Jérusalem, la ville du Calvaire,
    Et des douleurs,
On lit sur les remparts, qu'ici chacun révère,
    « Cité des pleurs. »

C'est ainsi qu'abordant la ville désolée,
    Nous pleurons tous ;
Du Frère, notre ami, l'âme s'est envolée
    Bien loin de nous.
Il avait salué cette terre promise
    D'un saint désir ;
Il est tombé là-haut, comme un autre Moyse,
    Prêtre, martyr.

Parents, de le revoir vous gardiez l'espérance,
    Consolez-vous.
Il est beau de mourir pour l'Eglise et la France,
    Si loin de tous.
Pèlerin pénitent, aux confins de l'Asie,
    Oui, ton trépas
Est bien d'une victime entre toutes choisie,
    Ne pleurons pas.

Notre cœur, pèlerins, à l'aspect d'une tombe,
    Est plein d'émoi.
Et pourtant, plus heureux est celui qui succombe,
    Me dit ma foi.

Il chante, quand je pleure, un immortel cantique,
  Au sein de Dieu.
Il jouit, en Sion, du Concert angélique,
  « Mon frère, adieu. »

Dans l'après-midi du jour où eut lieu cette triste cérémonie, je me suis mis à parcourir seul les rues de Jérusalem, afin de visiter les monuments les plus importants de la cité sainte. Entre la porte de France et la porte de Jaffa, se trouve le patriarcat, résidence des patriarches de Jérusalem ; le siège primatial est en ce moment occupé par M̂gr Bracco, qui a pris dernièrement pour coadjuteur M̂gr Appodia. L'église patriarcale est de style gothique, ornée de magnifiques vitraux représentant les différentes scènes de la vie de Notre-Seigneur ; autour de l'église s'étend un vaste monument ; il contient le palais du patriarche et un séminaire où sont élevés les jeunes gens qui se destinent au saint ministère en Palestine.

Non loin de là se trouve Saint-Sauveur, l'église paroissiale des catholiques de Jérusalem ; elle appartient aux Franciscains de Terre-Sainte. L'intérieur est orné de marbres précieux et de magnifiques peintures. Dans cette basilique enrichie des plus précieuses indulgences, le R. P. Custode de Terre-Sainte officie pontificalement par un privilège spécial. Dans le couvent attenant à l'église, nous avons pu admirer d'immenses ateliers dirigés par les Pères : imprimerie, reliure, boulangerie, menuiserie, forge, serrurerie, couture, voire même sculpture et peinture ; tous les corps de métiers sont représentés, et des foules de jeunes gens catholiques travaillent à leur métier respectif sous la direction des religieux de Saint-François.

Les ateliers sont admirablement disposés ; les ouvriers y sont à l'aise. La plupart ont été élevés dans les écoles des Pères franciscains, et ils ont de véritables rapports d'amis avec leurs patrons.

La paroisse de Saint-Sauveur compte 2,000 catholiques latins seulement, mais elle a de lourdes charges : un Père est chargé de nourrir gratuitement les pauvres catholiques et les pèlerins indigents, et il doit venir au secours des veuves et des orphelins.

De Saint-Sauveur, je traverse les rues étroites et obscures du quartier chrétien et j'arrive à Saint-Jacques, la grande église des Arméniens schismatiques. Elle est divisée en trois nefs de style bizarre ; les chapelles sont surchargées d'ornements riches mais sans goût ; l'une d'elles est bâtie à l'endroit précis où fut martyrisé saint Jacques le Majeur, en l'an 44 de l'ère chrétienne. A côté se trouve le tombeau de saint Macaire, évêque de Jérusalem, qui dirigea les fouilles pour la découverte de la Vraie Croix.

A quelques pas de l'église Saint-Jacques, je vénère l'endroit où le cercueil de la sainte Vierge fut arrêté par les Juifs.

On raconte à ce propos la légende suivante : Les Juifs, non contents d'avoir répandu le sang du Fils de Dieu, voulurent priver de sépulture le corps de sa sainte Mère ; mais lorsqu'ils arrêtèrent le cortège qui conduisait Marie à sa dernière demeure, ils furent soudain frappés de paralysie. Touchés de ce miracle, ces égarés demandent leur pardon ; saint Pierre intercède pour eux et obtient leur guérison. Un tronçon de colonne indique le lieu de ce double miracle. Je me mets à genoux et je prie la Reine du ciel de guérir tant d'égarés qui, dans notre pays catholique, insultent si facilement son divin Fils.

Auprès de cette colonne se trouve l'église arménienne, bâtie sur l'emplacement de la maison de Caïphe, où Jésus fut interrogé et où Pierre renia trois fois son Maître ; un peu plus loin, le couvent des Syriaques, établi sur les ruines de la maison de Marie, mère de Jean, l'une des saintes femmes qui accompagnaient Jésus au Calvaire. L'église du couvent renferme deux objets précieux : le portrait de la sainte Vierge, peint, dit-on, par saint Luc, et l'endroit où aurait eu lieu, d'après la tradition, le baptême de la sainte Vierge.

En retournant à N.-D. de France, je regarde en passant la *Maison d'Urie,* que David fit périr pour en épouser la femme, et j'admire la *Tour de David.* Cette tour grandiose est le seul souvenir bien conservé de tous les antiques monuments de Jérusalem. Titus la préserva, quand il détruisit de fond en comble Jérusalem. Elle est construite avec des blocs de pierre d'une longueur moyenne de 3 mètres. Auprès se trouve la porte de Jaffa, la principale entrée de la ville. Comme aux temps bibliques, ici se traitent encore la plupart des affaires. Des marchands, des chameliers, des curieux, des désœuvrés s'agitent et s'interpellent : c'est la place publique de la cité. Je comprends pourquoi, autrefois, les prophètes allaient à la porte des villes, comme au milieu d'un forum, pour faire entendre au peuple les menaces de Jéhovah.

Vers 4 heures du soir, avec deux pèlerins, nous nous rendons au Saint-Sépulcre pour assister à la procession que les Pères Franciscains font chaque soir dans l'intérieur de la basilique. On donne à chacun de ceux qui veulent s'unir à cette cérémonie un petit cierge allumé, que l'on conserve ensuite, et un livre dans lequel chacun peut suivre les prières et les invocations. Cette cérémonie est destinée à réparer les profanations que le schisme multiplie dans le sanctuaire le plus vénérable de la terre. Le cortège part du chœur des Latins et s'arrête à tous les autels que nous avons décrits précédemment; il revient ensuite au Saint-Sépulcre. Dans les hymnes et les oraisons que nous suivons attentivement, un mot revient constamment, et il donne à la prière qui l'accompagne un charme particulier : *Hic. Ici!* Ce simple mot pénètre l'âme. Oui, *ici* Jésus était garrotté, *ici* il fut souffleté, *ici* étendu sur la croix, *ici* enfin il a été enseveli pour ressusciter le troisième jour.

Parmi les fidèles, je remarquai une femme vêtue à l'orientale ; sa prononciation contrastait avec son vêtement. Après la cérémonie, j'eus l'occasion de lui adresser la parole : elle parlait couramment le français. J'appris plus tard que cette femme était une Bretonne qui avait abandonné sa fortune, sa famille et ses amis pour venir s'installer à Jérusalem. Chaque soir elle suit la cérémonie de réparation au Saint-Sépulcre, et elle s'est imposée cette charge afin de représenter la France à cette procession. Plusieurs fois je rencontrai cette chrétienne généreuse et je ne pus m'empêcher de penser qu'il y avait en elle quelque chose du sang des croisés et de l'héroïsme des martyrs.

Le vendredi, à 3 heures, tout le pèlerinage s'est rendu à l'église de la Flagellation, afin de faire en commun le Chemin de la Croix. Dans une modeste chapelle desservie par les Pères Franciscains, on montre l'endroit où le sang de Jésus coula à flots après le supplice horrible de la flagellation. C'est là que commence la voie douloureuse. Le R. P. Jérôme, vicaire custodial, prêche les différentes stations, et souvent il parle avec tant d'émotion et d'éloquence, que nous sentons les larmes nous venir aux yeux. Nous montons d'abord dans la cour de la caserne turque bâtie sur l'emplacement du prétoire : c'est le lieu de la 1re station, l'endroit où

Jésus fut condamné à mort. On voit encore dans le mur l'emplacement de l'escalier que Jésus-Christ monta et descendit plusieurs fois. Au pied de la caserne bâtie au-dessus du niveau de la rue, se trouve l'endroit où le Sauveur fut chargé de sa croix (2ᵉ station). Deux cents mètres plus loin environ, après avoir passé sous l'arc de l'*Ecce Homo,* on rencontre une colonne brisée à l'intersection de deux rues ; elle marque le lieu où Jésus tomba pour la première fois ; c'est la 3ᵉ station. Quelques pas après, à côté de la chapelle des Arméniens catholiques, où l'on vénère les vestiges des pieds de Jésus et de Marie, c'est la 4ᵉ station et l'endroit où le Sauveur rencontra sa Mère. Bientôt on tourne à droite et on aperçoit la maison du mauvais riche et l'endroit où Simon le Cyrénéen fut obligé de porter avec Jésus l'instrument du supplice d'un Dieu (5ᵉ station). La rue monte très sensiblement ; nous nous arrêtons au lieu de la 6ᵉ station, où Sainte Véronique essuya la face de Jésus. La maison de la sainte est à notre gauche. Bientôt nous atteignons la porte Judiciaire (7ᵉ station). Par cette porte devaient jadis passer tous les criminels pour se rendre au lieu de leur supplice.

Ici c'est le quartier le plus sombre et le plus sale de Jérusalem, c'est aussi l'endroit le plus commerçant, et la procession est un moment interrompue par une longue file de chameaux ; il faut se fâcher, se disputer ; les jeunes gens même sont sur le point de montrer leurs poings et leurs cannes, mais les cavas du consulat se montrent et les Arabes s'écartent respectueusement. Quelques pas plus loin, Jésus consola les filles de Jérusalem ; c'est la 8e station. La 9e se trouve au pied du Golgotha, dans une impasse étroite et malpropre. Les cinq dernières stations sont dans la basilique du Saint-Sépulcre : quatre au Calvaire et la dernière au saint tombeau du Christ.

A chaque station, le P. Jérôme prend la parole pendant quelques instants, puis on se prosterne, on prie, on chante un couplet de cantique et on se rend à la station suivante.

En tête du cortège, une quarantaine de pèlerins portent sur leurs épaules une croix de chêne colossale amenée de France ; elle a 5 mètres de longueur et 10 centimètres d'épaisseur. Au retour, cette croix sera plantée dans l'un des principaux sanctuaires de notre patrie.

Aussitôt la cérémonie achevée, nous partons avec M. Boutin et le P. Baud pour le quartier juif et le mur des Pleurs. Deux Frères de la Doctrine chrétienne qui habitent Jérusalem depuis plusieurs années veulent bien se faire nos guides ; nous les suivons avec quelques autres pèlerins. Nous voilà dans le quartier juif ; c'est un labyrinthe interminable de rues larges tout au plus de 1 mètre 50, avec un ruisseau fangeux au milieu. La plupart de ces ruelles sont couvertes, et en plein jour la lumière est rare. Il y grouille des multitudes d'enfants à moitié nus ; ils tendent vers nous des mains malpropres en répétant : Baghchich, baghchich. Il nous tarde de sortir de ce quartier infect ; enfin voici un mur gigantesque, reste isolé du fameux temple de Salomon. Nous nous arrêtons ; quelques Juifs, femmes, hommes et enfants sont déjà arrivés. Chaque vendredi, vers 5 heures, ils viennent auprès de cette muraille en ruine pleurer et gémir sur leur temple détruit, leurs palais dévastés, et sur le Messie, qui est venu sur la terre mais qu'ils n'ont pas pu reconnaître. Déjà les lamentations commencent ; les Juifs ont à la main un livre qu'ils lisent attentivement ; ils s'interrompent parfois pour pousser de sourds gémissements ou pour essuyer les larmes qui coulent réellement de leurs yeux. C'est ici le désespoir d'une nation humiliée. Les femmes appuient leur tête sur les restes de ce temple renversé par la colère divine ; les enfants les palpent de leurs mains ; les vieillards, plus tranquilles, sont assis et pleurent silencieusement. Nous retrouvons là M. l'abbé Roca, vicaire général de Perpignan ; habile dans la science des langues orientales, il suit la lecture de l'un de ces vieillards qui est occupé à psalmodier à haute voix les psaumes du roi David ; le R. P. Mallouk interpelle le lecteur en arabe : « Pourquoi pleurez-vous sur le Messie ? il est venu sur la terre, nous l'avons reconnu, nous. » Le vieillard juif redresse la tête ; il pousse un long gémissement. — « Celui-là n'est pas le vrai Messie », dit-il, et il continue à pleurer. Sa douleur me fait peine, et il y a dans toute cette scène, dans le spectacle de ces malheureux incrédules qui gémissent, quelque chose qui me navre. Je suis content de partir avec M. Roca, le P. Mallouk et M. Ayront, le jeune pèlerin égyptien ; nous allons visiter une synagogue. Un baghchich nous en ouvre l'entrée et nous pénétrons dans une grande salle ronde surmontée d'un dôme élevé ; autour de cette salle sont des sièges en forme de stalles, au centre, des chaises plus élevées pour les rabbins ; partout des citations de la Bible en arabe et en hébreu. Le P. Mallouk et M. Roca nous en donnent la traduction. Cette synagogue me fait l'effet d'un temple protestant : c'est plus froid, plus triste, moins religieux encore qu'une mosquée musulmane.

Quelques jours après notre visite au quartier juif, tous les pèlerins furent convoqués pour visiter, au mont Moriah, les grandes mosquées établies sur l'emplacement du temple de Salomon, en arabe El-Haram-el-Chérif. On connaît les transformations du temple de Jérusalem : celui qu'avait fait construire Salomon fut renversé six cents ans avant Jésus-Christ. On le fit rebâtir sur un plan gigantesque, et 11,000 ouvriers furent employés à ce travail. Titus, après la prise de Jérusalem, le fit démolir complètement. Aujourd'hui, à la place de cet édifice fameux, il ne reste qu'une immense esplanade et deux temples musulmans. Le premier, bâti par Omar, porte le nom de son fondateur ; nous y entrons après avoir enlevé nos chaussures : il a la forme d'un octogone régulier ; à l'intérieur, il se compose de deux enceintes octogones concentriques et d'une troisième circulaire. La première enceinte est surmontée d'un immense dôme.

La mosquée d'Omar occupe à peu près le lieu où était le *Saint des Saints* du temple de Jérusalem. Au milieu, sous le dôme, les mahométans vénèrent une roche qui, d'après eux, porte l'empreinte du pied de Mahomet. Les Juifs prétendent, de leur côté, que cette roche est la pierre de Béthel, où Jacob eut sa vision.

La décoration intérieure de la mosquée est en mosaïque et de toute beauté. Une grotte creusée sous le sol communique avec un puits. Là, disent les musulmans, se réfugient les âmes justes des croyants, et deux fois par semaine on ouvre ce puits afin que ces âmes puissent adorer leur Créateur.

Derrière le temple d'Omar se trouve la mosquée d'El-Aksa ; c'était autrefois une église catholique, bâtie par les croisés et dédiée à Marie présentée au temple. La grande nef correspond, dit-on, à l'endroit où habitait la sainte Vierge pendant son séjour au temple. Autour de la mosquée s'élevait jadis le palais de Godefroy de Bouillon et de ses successeurs et le couvent des chevaliers du Temple.

INTÉRIEUR DU SAINT-SÉPULCRE

Tombeau de Notre-Seigneur

Nous allons visiter ensuite la porte Dorée, autrefois une des entrées de la ville, aujourd'hui murée par les musulmans ; nous partons non sans avoir jeté un dernier regard sur cette immense enceinte autrefois le lieu le plus auguste du monde. Les sentinelles nous laissent passer sans mot dire ; elles ont reçu un fort baghchich.

Un de mes désirs, bien légitime du reste, était de célébrer le Saint-Sacrifice sur le tombeau glorieux de Notre-Seigneur Jésus-Christ. A cause du grand nombre de prêtres pèlerins, et vu les difficultés soulevées chaque jour par les Grecs et les Arméniens schismatiques, il n'était pas très facile de réaliser ce désir ; mais, je devais trouver un précieux auxiliaire dans le P. Jérôme, vicaire custodial. Ce saint et aimable religieux m'avait accueilli avec la plus grande amabilité ; du diocèse de Carcassonne, il avait connu jadis plusieurs membres de ma famille, et il voulut bien aplanir toutes les difficultés. Il procura aussi au P. Baud et à M. Boutin le bonheur d'offrir le Saint-Sacrifice sur l'auguste sépulcre du Sauveur.

Nous étions désignés avec le P. Baud pour le même jour, 12 mai, et dès le 11 au soir nous nous acheminions vers la basilique afin de passer une partie de la nuit en prière auprès du saint tombeau. Les Pères Franciscains nous attendaient ; ils nous introduisent dans des cellules proprettes où se trouvent des lits de repos ; ces cellules communiquent avec une galerie intérieure de la coupole de l'église, dominant l'édicule sacré du Saint-Sépulcre. C'est dans cette tribune élevée que nous avons passé une partie de la nuit, écoutant la grande voix de la solitude et du silence, croyant entendre encore l'ange de la résurrection qui terrassait les gardiens du sépulcre, voyant constamment devant nous l'image sainte de Jésus ressuscité et priant avec ardeur, avec amour pour toutes les intentions qui nous avaient été recommandées. Vers minuit seulement nous allons prendre un peu de repos, et à 2 heures 1/2 un Père Franciscain vient me réveiller pour que je puisse célébrer la Sainte Messe sans retard. A 3 heures du matin je commence le Saint-Sacrifice au-dessus de ce tombeau sur lequel repose notre foi. Quel bonheur pour un cœur chrétien, quelle somme de jouissances pour une âme sacerdotale de penser que l'on a tenu dans ses mains, que l'on a contemplé de ses yeux, que l'on s'est incorporé le Sauveur du monde dans l'endroit même où cette Victime sainte fut ensevelie et sortit triomphante, après avoir vaincu la mort! Ah! je dépose sur cet autel sacré mes plus instantes prières. Je prie pour ma famille, pour mes élèves, pour mes amis. Que Dieu donne sa grâce et sa vie à tant d'êtres qui me sont chers!

CHAPITRE XII

AUTOUR DE JÉRUSALEM

Le samedi 9 mai était le jour choisi pour le pèlerinage à Bethléem. La ville de David est à neuf kilomètres de Jérusalem ; la route qui y conduit est la seule convenable de toute la Palestine, et la plupart des pèlerins s'accordent l'avantage d'une voiture. L'occasion est trop rare pour ne pas la saisir ; plusieurs cependant font le pèlerinage à pied ; je préfère me rendre tranquillement sur un âne, et je pars seul afin de pouvoir me livrer plus aisément à la méditation. La sainte Vierge et saint Joseph suivirent souvent cette route, soit avant, soit après la naissance de Jésus. Partout,

BETHLÉEM

que je n'ai plus rien à voir sur la route, prend un galop furibond et monte rapidement jusqu'à Bethléem.

A peine arrivé, j'abandonne ma monture et je pars pour la basilique de la Nativité, afin de célébrer la sainte Messe. Cette église se trouve à l'extrémité de la ville ; avant d'y pénétrer, on traverse une grande place qui était autrefois l'*atrium* de la basilique ; on y voit encore des bases de colonnes et trois citernes qui servaient jadis aux ablutions et aux baptêmes. On entre ensuite par une porte basse dans un vestibule obscur qui communique par une seule ouverture avec les cinq nefs de la basilique. Cette église est une des plus belles de la Palestine, malheureusement elle n'appartient plus aux catholiques ; les Pères Franciscains qui la gardaient en ont été dépouillés par les Grecs pendant les temps malheureux où l'Occident oubliait la Terre-Sainte. Aujourd'hui, les Latins n'ont plus que le droit d'y passer pour se rendre dans l'église de Sainte-Catherine, qui est leur propriété exclusive. Je me rends immédiatement dans ce sanctuaire et je descends dans une grotte souterraine qui n'est que la continuation de celle où Jésus naquit ; elle est dédiée à saint Jérôme, qui l'habita longtemps. Je suis assez heureux pour y célébrer la sainte messe presque aussitôt.

A Bethléem, on célèbre toujours la messe de minuit, et la présence de Jésus après la consécration, à cet endroit béni où Il naquit de la Vierge Marie, produit dans l'âme croyante de douces, de saintes joies ; elle fait couler de ces larmes dont la suavité ne peut être comprise que par ceux qui ont visité les sanctuaires sacrés de la Terre-Sainte. Après la messe, je retrouve le P. Baud et M. Boutin ; ils ont célébré eux aussi le Saint-Sacrifice, et nous visitons ensemble ces grottes saintes où s'accomplit le mystère de la Nativité.

Dans la grotte de Saint-Jérôme se trouvent plusieurs chapelles dédiées à saint Joseph, aux saints Innocents, à saint Jérôme, aux saintes Paule et Eustochie, filles spirituelles de l'illustre cénobite, et à saint Eusèbe de Crémone, son compagnon de solitude. On vénère encore dans la grotte les tombeaux des saints Innocents et celui de saint Jérôme, dont le corps a été transporté depuis à Sainte-Marie-Majeure, à Rome.

Par un corridor souterrain, la caverne de Saint-Jérôme communique avec la grotte de la Nativité. Elle est située sous le chœur de la grande basilique. Les Latins peuvent y dire la messe, mais elle appartient, hélas ! aux schismatiques.

Le lieu même de la naissance de Jésus est marqué par une *étoile d'argent,* dans l'enfoncement du rocher. L'étoile porte cette inscription : Hic de Virgine Maria Jésus-Christus natus est. *Ici Jésus-Christ est né de la vierge Marie.* Quinze lampes brûlent nuit et jour dans cette petite abside dont les parois sont décorées de mosaïques du temps des croisades. Près de là, de l'autre côté de l'escalier, se trouve l'*Oratoire de la Crèche*. On voit au fond une excavation en forme de crèche ; elle marque la place où Marie coucha l'Enfant-Jésus et où il fut adoré par les bergers. Le rocher y est revêtu de marbre blanc et trois lampes y brûlent constamment. En face de la crèche est placé l'*autel des Mages*, à l'endroit même où ils se tenaient, dit-on, en adorant l'Enfant-Dieu.

Dans cette grotte si vénérable, nous tombons à genoux pour adorer et pour prier. Ah! pensé-je alors, on vénère le tombeau des grands capitaines, des poètes inspirés, des artistes, des orateurs, des saints qui ont édifiés le monde par leurs vertus. Que sont tous ces hommes célèbres réunis ensemble à côté de Celui qui a conquis et transformé le monde? Ici le Fils de Dieu s'est pour la première fois montré dans notre chair. Il a voulu pour habitation, une caverne perdue au milieu des montagnes, pour berceau, une pauvre étable, pour premiers témoins de sa beauté, l'âne et le bœuf, et pour premiers adorateurs, d'humbles bergers. Qu'elle a été étrange l'entrée de Jésus dans le monde, et combien plus étonnante encore sa mort sur le calvaire ; le bois de la crèche annonce celui de la croix! Ah! que les desseins impénétrables du Très-Haut sont à l'inverse des pensées de l'homme! Et nos têtes s'inclinent sous le poids de la sagesse divine, de sa puissance et surtout de sa charité infinie, dont le mystère est écrasant pour nos pauvres intelligences bornées.

A 9 heures, Mgr Koppès, évêque de Luxembourg, célèbre la messe pontificale dans l'église Sainte-Catherine ; pendant la cérémonie, l'excellente fanfare de l'Orphelinat de Dom Belloni joue de vieux Noëls français qui nous rappellent la patrie, et le chœur des pèlerins exécute admirablement les divers chants liturgiques.

Après cette cérémonie, sous la conduite du Frère Liévin, nous partons pour visiter les environs de Bethléem. Nous nous dirigeons d'abord vers une chapelle souterraine appelée *la Grotte du Lait*. On raconte que la sainte Vierge ayant perdu son lait en apprenant qu'Hérode voulait faire périr le petit Jésus, se retira dans cet endroit pour prier et retrouva son lait en si grande abondance que les gouttes tombaient à terre. Depuis, les jeunes mères de Bethléem, quand elles sentent leur sein tarir, viennent tailler une des pierres crayeuses du rocher de la grotte et la délayent dans l'eau qu'elles avalent pour demander à Marie la nourriture de leurs enfants.

Plus loin, au sortir de la ville, on montre le lieu où la Vierge, quittant Bethléem, aurait demandé que toutes les femmes y fussent belles. Quoi qu'il en soit de ces fraîches légendes, la dernière du moins paraît s'autoriser d'indéniables résultats. Les Bethléemites

PLAN DE LA GROTTE DE LA NATIVITÉ

AVEC SES DÉPENDANCES

A Cellule de saint Jérôme.
B Grotte contenant les tom-
   beaux de saint Jérôme et
   des saintes Paule et Eus-
   toquie.
C Chapelle des Saints-Innocents.
D Autel de saint Joseph.
E Grotte de la Nativité.
F Autel de l'Adoration des
   Mages.

Le lieu de la NATIVITÉ est l'enfoncement semi-circulaire placé entre les deux escaliers tournants qui communiquent avec le chœur de la Basilique.

L'escalier plus étroit qui aboutit à la chapelle des Saints-Innocents, C, communique avec l'église Sainte-Catherine.

ont un genre à part et une beauté qui leur est propre. Contrairement à l'usage d'Orient, elles ne sont point voilées ; la plupart portent une robe bleue rehaussée d'un corsage brodé en forme de plastron ; leur coiffure originale a l'apparence d'un élégant tronc de cône, elle est enveloppée d'un voile blanc ; leur front est entouré d'un diadème de sequins, et elles ont des bracelets et des bagues très variés autour de leurs bras et de leurs mains. Leurs yeux sont grands, leur teint très blanc, leurs traits fins et corrects. Mais la grande modestie qu'elles laissent paraître est ce qui frappe le plus en elles, parce qu'elle forme un contraste frappant avec le laisser aller oriental. Toutes portent au cou une médaille qui constate la communion chrétienne dont elles font partie.

Cependant le Fr. Liévin nous entraîne toujours vers le village des Bergers de Noël, Beit-Sahoun. La chaleur est forte, plusieurs pèlerins retournent à Bethléem ; nous arrivons bientôt sur le sommet d'un coteau d'où la vue s'étend fort loin dans toutes les directions. A quelques centaines de mètres se trouve le champ des Epis. C'est là que se passa la charmante idylle racontée dans la Sainte Ecriture, et qui se termina par le mariage de Ruth et de Booz. Au-delà, le misérable village où habitaient les premiers adorateurs de Jésus ; plus loin, sur l'autre penchant de la montagne, le champ des Bergers et l'endroit où les anges vinrent leur annoncer la naissance du Messie. Du lieu élevé où nous sommes, on voit admirablement toute la vallée, et je trouve inutile d'aller plus loin. J'avise dans un champ voisin un arbre séculaire que les enfants de Bethléem ont taillé afin d'y établir un escalier qui permet de monter facilement aux premières branches. J'escalade cet observatoire rustique et poétique ; bientôt, un autre pèlerin, M. l'abbé B..., secrétaire de l'évêché de Mende, vient m'y rejoindre, et nous devisons agréablement ensemble sur les mystères charmants que nous rappellent ces lieux bénis. Nous attendons ainsi le retour de la caravane et nous revenons avec elle à Bethléem.

Nous nous dirigeons alors vers l'orphelinat de Dom Belloni, où les Pères nous reçoivent avec une grande amabilité et nous retiennent à déjeuner. Nous visitons l'établissement en construction qui est digne de l'œuvre importante établie par le pieux religieux italien.

Après une dernière visite à la grotte de la Nativité, je cherche un autre âne (celui de ce matin a disparu), pour rentrer à Jérusalem.

Au pied de la colline que surmonte Bethléem, je me retourne pour donner un dernier coup d'œil à cette ville fameuse. La cité de David offre un contraste frappant avec Jérusalem. Autant celle-ci est triste et désolée, autant celle-là est riante et fertile. La première représente les mystères joyeux, la deuxième les mystères douloureux.

A 4 heures, j'étais de retour à N.-D. de France, où je dépouillai un volumineux courrier. Quatorze lettres de ma famille, de mes confrères, de mes élèves ; quelle joie de recevoir des nouvelles de la patrie, quand on est si loin de ceux que l'on désire revoir. On m'annonce une triste nouvelle : un de mes petits élèves de Fontenay est à la mort. Pauvre enfant ! je prie Jésus de Bethléem pour sa chère petite âme et pour sa famille désolée.

Depuis mon arrivée à Jérusalem, j'avais grand désir de visiter Béthanie, où le Maître aimait à revenir si souvent, et je désirais vénérer le tombeau glorieux de Lazare le ressuscité.

Un soir, vers 3 heures, nous partons, avec le P. Baud, chacun sur un âne ; nous contournons Jérusalem, nous traversons presque en entier la vallée de Josaphat, nous passons sur le torrent de Cédron, absolument à sec, et, laissant à droite Gethsémani et l'église souterraine des grecs où se vénère le tombeau de la Sainte Vierge, nous faisons le tour de la montagne des Oliviers. Au tournant du chemin, une échancrure du rocher marque l'emplacement du *Figuier stérile* que Notre-Seigneur maudit parce qu'il ne portait pas de fruits. Sur la hauteur, à droite, on aperçoit un village nommé *Abou-Dis*. C'est là que David prit la fuite au moment de la révolte d'Absalon.

Bientôt nous sommes en vue de Béthanie. Le village, que les Arabes appellent *El-Azarieh,* du nom de Lazare, a l'aspect d'un hameau abandonné. Une vieille tour le domine. La reine Mélissende l'avait fait bâtir pour protéger contre les Arabes l'abbaye de Saint-Lazare qui existait alors auprès du tombeau de l'ami de Jésus.

Nous avons peine à trouver ce précieux sépulcre; notre guide cependant arrête les ânes auprès d'une porte sale et mal close. Nous n'avons pas encore eu le temps de mettre pied à terre, que déjà une foule d'enfants grouillent autour de nous, tendant la main et répétant : Baghchich, baghchich. Une vieille femme déguenillée arrive de son côté, portant une énorme clef qu'elle introduit dans la serrure ; elle nous donne ensuite deux cierges, ouvre la porte et passe devant pour éclairer un escalier de pierre, obscur et mal entretenu, que nous descendons après elle. Nous comptons vingt-six marches et nous nous trouvons dans une salle souterraine large de 3 mètres sur autant de longueur. Dans un coin est établi une sorte d'autel sur lequel les Pères Franciscains viennent à certains jours célébrer les divins Mystères. C'est dans cette chambre obscure que se trouvait Jésus lorsqu'il ordonna au mort de trois jours de revenir à la vie.

Dans un enfoncement, à droite, s'ouvre le tombeau proprement dit ; nous descendons trois marches et nous sommes dans le caveau qui servait de sépulture aux amis du Sauveur. Nous tombons à genoux et il nous semble voir devant nos yeux se dérouler la grande scène de la résurrection de Lazare : « Otez cette pierre, » dit Jésus à ceux qui étaient descendus avec lui dans le caveau. — « Seigneur, il sent déjà *(jam fœtet)*, répond Marthe ; il y a quatre jours qu'il est inhumé. » Mais sur un signe du Maître on enlève la pierre. Le Christ lève les yeux au ciel : « O Père, je vous rends grâces de ce que vous m'avez exaucé ; non pour moi, mais pour ce peuple qui m'entoure, afin qu'il croie que vous m'avez envoyé. » Et sur-le-champ le mort se lève et apparaît aux regards ravis des assistants.

Ce prodige merveilleux est un des plus grands miracles de Notre-Seigneur Jésus-Christ ; c'est celui qui est demeuré le plus profondément gravé dans la mémoire et dans le cœur des peuples. Les musulmans comme les chrétiens honorent le sépulcre du saint ami du Sauveur.

Avant de laisser Béthanie, nous visitons l'endroit où était bâtie la maison de Simon le Lépreux et les ruines de l'habitation de Lazare, de Marthe et de Marie ; nous prions un instant sur l'emplacement de cette maison où les amis du Maître avaient si souvent l'honneur de recevoir le Sauveur Jésus.

On nous montre dans la direction de Jéricho la *Pierre du Colloque.* C'est l'endroit où Marthe vint au-devant de Jésus pour lui annoncer la mort de son frère, en ajoutant : « Seigneur, si vous aviez été ici, il ne serait pas mort. »

En reprenant nos montures, une foule d'Arabes nous entourent de nouveau, tendant la main d'un air misérable. J'ose à peine regarder cette populace déguenillée, sa laideur, sa saleté, déshonorent le glorieux passé de Béthanie.

Nous revenons à Jérusalem par la montagne, et nous prenons le chemin que suivit Jésus au jour de son entrée triomphale dans Sion (jour des Rameaux). Nous arrivons bientôt à Bethphagé. C'est là que le divin Sauveur s'arrêta et envoya ses disciples chercher l'ânesse qui devait le porter jusqu'à la ville. C'est là aussi que s'organisa le cortège triomphal de Jésus, quand les Juifs qui quelques jours après devaient crucifier le Maître jonchaient de fleurs les chemins par où Il devait passer et criaient tous : « *Hosannah Filio David*. Gloire au Fils de David. »

Il ne reste rien du village de Bethphagé. En 1877, on a retrouvé au milieu des décombres un cube monolithe d'un mètre de haut. Ses quatre faces portaient encore des traces de peintures. On l'a placé sur le chemin pour indiquer l'endroit où Jésus monta sur l'âne.

Nous arrivons bientôt au sommet de la montagne des Oliviers, au lieu même où Jésus, dit la tradition, laissa la terre pour monter au ciel le jour de son ascension. De cet endroit la vue est splendide : d'un côté le regard s'étend sur Béthanie, la plaine de Jéricho, le Jourdain et la mer Morte; de l'autre sur Jérusalem et sur ses environs.

La tradition rapporte qu'en montant vers le séjour de la gloire, Notre-Seigneur laissa sur le roc l'empreinte de son pied. Les musulmans possesseurs du sol ont bâti une mosquée en cet endroit. Le jour de l'Ascension, le pèlerinage est venu célébrer la fête sur le mont des Oliviers ; les sectateurs de Mahomet ont permis aux prêtres de célébrer la Sainte Messe dans l'intérieur du temple d'Allah, et tous les pèlerins ont pu baiser pieusement l'empreinte du pied de Jésus.

A quelques mètres de la mosquée, les Russes ont fait bâtir une grande église, et auprès une immense tour du haut de laquelle le regard s'étend jusqu'aux bords arides de la mer Morte, d'une part, et jusqu'à la Méditerranée, de l'autre.

Mais, nous poursuivons notre chemin pour revenir à Jérusalem ; nous descendons les flancs escarpés du mont de l'Ascension. La Ville Sainte est devant nous, éclairée par les derniers rayons d'un beau soleil d'Orient ; à nos pieds, nous contemplons la vallée de Josaphat avec ses grands souvenirs et ses mystérieuses espérances. Bientôt nous rencontrons une petite chapelle : on la nomme *Dominus flevit*. Elle marque le lieu où le Sauveur, dans sa course triomphale, s'arrêta pour verser des larmes sur l'ingrate Jérusalem. De là, en effet, la ville apparaît tout entière avec sa ceinture de remparts antiques.

Avant de traverser le torrent du Cédron, nous

tournons à gauche, et au fond d'une étroite impasse une petite porte nous donne accès dans un jardin admirablement cultivé ; c'est le parterre béni où Jésus, pendant sa vie mortelle, aimait à venir s'isoler et converser avec son Père. Il appartient aux Pères Franciscains, qui l'entretiennent avec un soin jaloux. *Huit oliviers,* que l'on pense contemporains de Notre-Seigneur, sont encore debout. Ils sont creux et soutenus par des travaux en maçonnerie. Les feuilles et les fruits sont recueillis pieusement et distribués aux pèlerins, qui les emportent comme de précieuses reliques.

Après avoir prié quelque temps auprès de ces oliviers, nous nous dirigeons à gauche de la porte d'entrée vers une pierre dont la teinte rougeâtre rappelle un peu la couleur du sang. C'est le *lieu de la trahison*, l'endroit maudit où fut donné le *baiser de Judas,* où les valets et les soldats furent renversés par cette parole : « Ego sum », où Pierre coupa l'oreille à Malchus, où Jésus guérit ce malheureux ; à l'endroit enfin où commence la voie de la Captivité du Sauveur.

Nous nous dirigeons ensuite, à la distance d'*un jet de pierre,* vers la grotte de l'Agonie ; c'est là que Jésus pria la veille de sa passion en arrosant la pierre de sa sueur sanglante. Nous descendons quelques marches et nous nous prosternons pour baiser ce sol sur lequel le Sauveur laissa couler son sang divin. La grotte est restée la même qu'au

temps de Notre-Seigneur; dans son étroite enceinte, les Pères Franciscains ont établi trois autels.

Quelques jours après cette première visite, nous y sommes revenus avec M. Boutin pour célébrer la Sainte Messe. Au reste, Gethsémani (le jardin et la grotte) est le lieu où j'aimais le plus à venir méditer et prier pendant mon séjour à Jérusalem. Bien souvent, le soir, j'ai dirigé mes promenades solitaires de ce côté et j'ai éprouvé un charme tout particulier à réciter le saint Rosaire dans le jardin où Jésus aimait à venir prier ; il me semblait que j'unissais mieux qu'ailleurs ma prière à celle de mon Sauveur, et que j'invoquais le Ciel avec plus d'amour.

Auprès de la grotte se trouve la basilique schismatique de l'Assomption. Elle contient le vénérable tombeau de la mère de Dieu. Le lieu où la dépouille mortelle de Marie fut déposée a été de tout temps entouré des hommages des pèlerins, et une basilique y fut élevée par les croisés ; aujourd'hui, elle est devenue une crypte, par suite de l'exhaussement du sol de la vallée.

Nous passons sous le porche gothique qui entoure l'entrée et nous descendons un escalier de quarante-huit marches. Dans les chapelles qui donnent sur cet escalier, nous rencontrons les tombeaux vides de saint Joachim et de sainte Anne, et un peu plus bas celui de saint Joseph, époux de Marie.

La basilique peut avoir 30 mètres de long sur 8 de large. Les fenêtres qui l'éclairaient jadis sont aujourd'hui obstruées, et l'obscurité n'est dissipée que par les lampes qu'entretiennent les diverses communions schismatiques. Le *tombeau de la Vierge* est à peu près au centre de l'église ; il est recouvert d'un édicule de style mauresque. Un prêtre schismatique en garde l'entrée, mais il nous permet de pénétrer à l'intérieur et de satisfaire notre dévotion : il pousse même l'obligeance jusqu'à nous donner des explications détaillées qu'il accompagne de grands gestes expressifs ; malheureusement, nous ne comprenons absolument rien à son langage, et le pauvre prêtre en est tout déconcerté.

Après cette visite à la basilique de l'Assomption, nous rentrons à N.-D. de France. A la hauteur de la porte de Damas, nous trouvons le chemin intercepté par une espèce de procession arabe. Nous nous rangeons pour la laisser passer. En tête, s'avancent plusieurs musiciens frappant sur des tam-tam et jouant de bizarres instruments ; c'est du reste une cacophonie remarquable ; viennent ensuite une cinquantaine d'hommes hurlant un chant religieux sur une gamme chromatique des plus endormantes. Enfin s'avancent deux Arabes revêtus de costumes riches mais couverts de poussière ; derrière eux des femmes et des enfants suivent en égrenant des espèces de chapelets de corde sur lesquels ils murmurent des mots inintelligibles.

Le portier de N.-D. de France nous donne, quelques minutes plus tard, l'explication de ce cortège triomphal. Les deux Arabes couverts de poussière sont des voyageurs qui reviennent de la Mecque vénérer le tombeau de Mahomet. Suivant l'usage, au retour de ces pèlerins, on se rend à l'entrée de la vallée, et, musique en tête, on les conduit triomphalement, suivis de leur famille, à la mosquée d'Omar. Les chapelets que les femmes récitent sont ce que les Arabes appellent des « passe-temps »; ils ont généralement quatre-vingt-dix-neuf grains, et le *fidèle croyant* dit, en les égrenant, les quatre-vingt-dix-neuf mots qui, dans la langue arabe, expriment l'idée de Dieu.

A l'orient de Jérusalem se trouve le mont Sion : cette colline fut le berceau de la Ville Sainte; elle lui donna son nom. C'est sur cette hauteur que David fit déposer l'arche, qu'il composa ses *Psaumes* et qu'il fut plus tard enseveli. Aujourd'hui l'enceinte de la cité laisse une portion du mont Sion en dehors de la ville, et cette partie est la plus intéressante pour le chrétien, puisqu'elle contient le *Cénacle*.

Le Cénacle appartient aujourd'hui aux juifs et aux mahométans, et comme il faut un fort baghchich pour en faire ouvrir l'entrée, nous suivons le pèlerinage le jour où le Fr. Liévin l'y conduit. Nous traversons un cimetière musulman, et, après avoir longtemps parlementé avec le gardien du sanctuaire, nous pénétrons dans l'enceinte; nous traversons une cour intérieure, nous montons un escalier, et bientôt s'ouvre devant nous une porte étroite qui donne accès dans la salle haute du Cénacle. Ce sont les restes d'une église gothique que les croisés avaient élevée en cet endroit.

Le Cénacle est un des endroits les plus saints du monde. C'est dans cet édifice, qui appartenait probablement à un des fidèles disciples de Jésus, que le divin Sauveur institua les sacrements de l'Eucharistie et de l'Ordre ; c'est là qu'il fit la dernière pâque avec les apôtres, là qu'il leur lava les pieds ; là encore qu'après sa résurrection Il apparut plusieurs fois à ses disciples et que le Saint-Esprit descendit sur eux le jour de la Pentecôte.

Ah ! mon Dieu, me disais-je, vos desseins sont impénétrables, mais il me semble qu'ici une grande basilique devrait honorer Jésus-Hostie. Peut-être permettez-vous la profanation de ce lieu sacré pour punir les chrétiens de toutes les irrévérences, de tous les sacrilèges dont le corps sacré de votre divin Fils est l'objet dans l'adorable Eucharistie.

Au fond de la salle du Cénacle, un escalier conduit au cénotaphe de David, établi, paraît-il, au-dessus du tombeau même du prophète-roi. Nous regardons à peine ; nous sommes désolés de trouver ce lieu si saint profané de toutes les façons et nous avons hâte de fuir.

Au pied du mont Sion se trouve la plaine d'Hannon ; on y rencontre la fontaine de Siloë, la source de la Vierge et le mont du Scandale. En suivant la vallée, on arrive dans la géhenne, où se trouve une léproserie ; de loin on aperçoit le champ d'Hacel-dama. En continuant le tour de Jérusalem, on parvient à la vallée de Josaphat, après avoir rencontré plusieurs tombeaux célèbres.

Dans les environs de la Ville Sainte se trouve un gracieux petit village appelé en arabe *Ain-Karim,* et en français Saint-Jean dans la Montagne. C'est le lieu de la naissance du précurseur de Jésus-Christ, l'endroit où sainte Elisabeth reçut la visite de la sainte Vierge.

Nous partons un matin de bonne heure avec deux autres pèlerins afin de pouvoir dire nos messes à Saint-Jean. Nous sommes montés sur des ânes excellents, et, après trois quarts d'heure de marche dans une charmante vallée des montagnes de la Judée, nous apercevons le village de la Visitation. A 8 heures, nous pouvons célébrer le Saint-Sacrifice dans la basilique construite à l'emplacement de la maison où naquit saint Jean-Baptiste. Après la messe, les bons Pères Franciscains nous offrent aimablement un excellent déjeuner. Nous trouvons chez eux le P. Noguès et plusieurs pèlerins. Ensemble, nous nous rendons au sanctuaire de la Visitation. La chapelle élevée à la place de la maison de campagne de Zacharie est dédiée au *Magnificat.* A droite, en entrant, on voit une niche contenant un rocher où se trouve l'empreinte du corps du petit saint Jean. La tradition nous apprend que lorsque les soldats d'Hérode cherchaient les enfants pour les massacrer, sainte Elisabeth s'enfuit dans la montagne pour cacher le précurseur ; elle posa son enfant sur une roche qui s'amollit comme de la cire pour le recevoir. A gauche, dans un enfoncement, nous voyons un autel établi à l'endroit où était Elisabeth quand elle vit arriver sa cousine, la vierge Marie. Illuminée d'un rayon divin, l'épouse de Zacharie connut le mystère de l'Incarnation. Transportée d'enthousiasme, elle s'écria : « Vous êtes bénie entre toutes les femmes, et le fruit de votre sein est béni ! » Et alors, l'humble Vierge, renvoyant à Dieu seul l'honneur de sa maternité, entonna le sublime cantique que les siècles chrétiens n'ont cessé de répéter : « *Magnificat anima mea Dominum*. Mon âme glorifie le Seigneur... » Ce beau chant du *Magnificat*, nous le chantons ensemble plus de cœur que de bouche, et nous éprouvons une douce émotion à le répéter à l'endroit même où la Vierge d'Israël le dit pour la première fois.

Avant de laisser Aïn-Karim, nous allons de l'autre côté de la petite ville visiter l'établissement des Dames de Sion. La Rév. Mère Supérieure nous reçoit avec une grande amabilité et une distinction parfaite. Elle nous fait parcourir la propriété au milieu de laquelle s'élève un orphelinat très florissant. Le sol très fertile a produit au-delà de toutes les espérances ; la vigne et l'olivier sont la princi-

pale culture. De plus, les lauriers-roses, les lys et les géraniums forment de gracieux massifs, réjouissent la vue et embaument l'air de leurs suaves parfums.

Mme la Supérieure nous conduit à un pavillon distant de l'orphelinat, afin de nous faire vénérer le souvenir de leur saint fondateur, le P. Marie Ratisbonne. Le saint prêtre était juif de naissance ; un jour il fut miraculeusement converti à Rome dans l'église *S. Andrea delle Frate*, par la sainte Vierge, qui daigna lui apparaître. Il se fit baptiser, entra dans les ordres, et avec son frère déjà catholique, ils fondèrent l'œuvre des Prêtres et des Sœurs de Notre-Dame de Sion, dont le but principal est la conversion des Juifs. Dans les dernières années de sa vie, le P. Ratisbonne s'était retiré à Saint-Jean dans la Montagne ; il habitait le modeste pavillon où nous conduit la Supérieure ; nous voyons la chambre où mourut le saint prêtre ; elle est encore meublée comme au jour de sa mort. Dans le jardin voisin, nous nous agenouillons sur la tombe du serviteur de Dieu et nous prions pour le succès de ses œuvres et la conversion des Juifs.

Après cette intéressante visite à l'orphelinat de Sion, nous songeons au retour ; nous reprenons nos montures et nous suivons de nouveau la route poétique et charmante qui mène à Jérusalem. A moitié route à peu près, sur la droite, on voit l'église du couvent grec de Sainte-Croix. Elle appartient aux schismatiques, et elle occupe l'emplacement où se trouvait l'arbre que les Juifs coupèrent pour établir la croix où fut crucifié Jésus-Christ. Nous vénérons ce souvenir de la passion et nous continuons notre route. Nous arrivons à Jérusalem pour le repas de midi.

Le 12 mai, une excursion facultative s'organisait pour conduire les pèlerins à Jéricho, au Jourdain et à la mer Morte. J'avais formé le projet de faire le voyage ; mais le kamsin soufflait, le temps était très fatigant et l'excellent docteur Bayle me dissuada de mon projet. M. Boutin suivit mon exemple ; le P. Baud, au contraire, toujours vaillant, partit avec la caravane. D'après le récit de son voyage, les pèlerins passèrent une nuit terrible à Jéricho ; mais au matin le vent changea, et ils ne souffrirent pas trop de la chaleur sur les bords de la mer Morte. On sait que la densité de l'eau dans ce lac maudit est très forte, et qu'un corps humain ne peut pas s'y enfoncer.

Les pèlerins, après un court séjour auprès de cette mer si tristement célèbre, remontent à cheval et se rendent au Jourdain. On y célèbre la sainte Messe, on y passe la soirée et la nuit, et le lendemain on part pour Jérusalem avec un arrêt de quelques heures au couvent grec de Saint-Sabas. Ce monastère, bâti à pic sur le sommet d'un roc élevé et escarpé, est une curiosité très intéressante. Le récit du P. Baud me fait regretter une fois de plus de ne pas avoir suivi la caravane. A un autre voyage, s'il plaît à Dieu.

CHAPITRE XIII

L'INFLUENCE DE LA FRANCE
EN PALESTINE ET LES COMMUNAUTÉS
FRANÇAISES DE JÉRUSALEM

M. Ledoulx, consul général. — La France protectrice des catholiques en Orient. — Assemblée générale des pèlerins. — Discours du consul. — Les communautés. — Les Pères de Terre-Sainte. — Les Pères blancs. — Sainte-Anne. — Les Pères de l'Assomption. — Saint-Etienne et les Dominicains. — Les Pères de Sion. — Le Père de Chaumontel. — Saint-Pierre. — Les Frères des Ecoles chrétiennes. — Les Sœurs de Saint-Joseph. — Les Sœurs de Sion. — Arc de l'Ecce Homo. — Soirée intéressante. — Les Sœurs de Charité. — Les Carmélites. — Grotte du Pater. — Grotte du Credo. — Les Grecs catholiques. — Le P. Mallouk. — Sainte Véronique. — Un dîner au patriarcat grec. — Quelques mots sur les différentes sectes chrétiennes.

L'influence sociale que la France exerce encore en ces pays d'Orient, nous l'avons constatée dès les premières pages de cet ouvrage. A Alexandrie, nous l'avons touchée du doigt ; au Caire, nous l'avons retrouvée également vivante et active. De même en Palestine, à Caïffa, à Nazareth, à Jérusalem surtout, nous avons constaté que la France est sûrement, de toutes les nations européennes et chrétiennes, celle qui est la plus connue en Orient, celle qui est la plus estimée. Cette influence est due exclusivement, en Egypte, à nos religieux et à nos religieuses, puisque nos hommes d'Etat ont fait maladroitement à l'Angleterre l'abandon du protectorat dans la vallée du Nil. En Palestine, la France a encore une influence officielle, mais elle ne la possède qu'en temps que nation catholique, comme le montrera la suite de ce chapitre.

Un soir, j'étais à l'hôpital Saint-Louis attenant à Notre-Dame de France ; je rendais visite aux pèlerins malades. Dans un des salons se trouvait le consul général, M. Ledoulx. On me présente au représentant de la France, qui m'accueille avec la plus grande amabilité et une distinction parfaite. Les Sœurs de Saint-Joseph nous offrent alors une tasse de cet excellent café oriental, et pendant ce temps, M. Ledoulx me raconte des choses excessivement intéressantes.

Le consul général de France à Jérusalem est non seulement le représentant des Français de Palestine, mais il est encore le défenseur de tous les intérêts de la religion, le protecteur de tous les catholiques, à quelque nation qu'ils appartiennent. C'est ainsi que la France est la protectrice du catholicisme en ces pays d'Orient. Tous les religieux, italiens, espagnols, allemands, anglais, par le fait même qu'ils sont en communion avec le Souverain Pontife, sont placés sous la protection de la France. Cette situation a été, il y à deux ans, approuvée de nouveau par les puissances de l'Europe réunies en Congrès à Berlin. On comprend qu'ainsi la position du consul de France est prépondérante à Jérusalem. Au Saint-Sépulcre et à l'église Saint-Sauveur, le représentant de la France a sa place marquée, et dans les grands offices on attend son arrivée pour commencer la cérémonie.

M. Ledoulx, je puis m'en convaincre en écoutant le récit de ses travaux et de ses difficultés, est vraiment l'homme de la situation. Actif, intelligent, il ne représente pas seulement la France, il l'aime passionnément et travaille avec son cœur autant qu'avec son talent à ne pas laisser amoindrir son influence en Palestine. Nous voulons citer en entier un discours qu'il prononça devant tous les pèlerins et en présence des délégués de toutes les communautés catholiques de Jérusalem. Il montrera quelle est la foi, l'ardeur et l'amour patriotique de cet homme de cœur :

ALLOCUTION

PRONONCÉE PAR M. CHARLES LEDOULX, CONSUL GÉNÉRAL DE FRANCE LE 10 MAI 1891, A LA RÉUNION DES PÈLERINS A NOTRE-DAME DE FRANCE.

MONSEIGNEUR,

MON T. R. PÈRE, MESDAMES ET MESSIEURS,

Un accident survenu à un des croiseurs détachés de notre escadre de la Méditerrannée m'a imposé l'obligation de me rendre précipitamment à Jaffa, et d'y demeurer autant que mes services pouvaient être utiles à notre marine nationale. Cette

circonstance m'a privé de l'honneur de souhaiter la bienvenue au dixième pèlerinage français, comme j'avais l'habitude
de le faire les années précédentes, aux agapes fraternelles
qui réunissaient les pèlerins et les supérieurs de nos établissements de Palestine.

Avant de m'acquitter de ce devoir, je crois utile de vous
rassurer complètement sur le sort de notre croiseur ; son
échouage, qui aurait pu être un sinistre, s'est converti en
un simple accident, tel qu'il en arrive à toutes les marines
de tous les pays.

Il a, en outre, eu l'avantage de permettre à la sympathie
générale de se faire jour, et l'arrivée au premier appel, de
trois superbes bâtiments de guerre français, a montré que
si, à Dieu ne plaise, nous avions besoin de secours, la mère
patrie veillait sur nous et était toujours prête à nous couvrir
de sa maternelle et puissante protection.

Après quatre jours d'échouage, grâce aux efforts réunis
d'une marine amie, au sang-froid du commandant et au
dévouement de l'équipage, le *Seignelay* a été remis à flot,
sa mâture amenée pendant l'accident avait repris son allure
habituelle, et notre pavillon national, qui était resté un
moment en détresse, a pu flotter intact et fier et confirmer
le vieil adage de notre capitale : *Fluctuat nec mergitur.*
« Il flotte et ne sombre pas ! » Et pour le prouver, malgré
la présence, sur la rade de Jaffa, de trois autres navires de
guerre français, c'est le *Seignelay* qui a tenu à faire à mon
pavillon consulaire le salut de onze coups de canon, lors de
ma visite officielle à son bord.

Le pavillon que l'on saluait ainsi est celui que la France
a confié à ma garde, celui qui couvre de son ombre protectrice nos établissements de Palestine, celui sous lequel se
groupe le pèlerinage avec la confiance qu'il est pour lui un
gage de sécurité, un témoignage de la vigilance et de la
sollicitude de la nation à laquelle vous appartenez.

Monseigneur,

Mon T. R. Père, Mesdames et Messieurs,

J'avais l'honneur de vous signaler, il y a un moment, la sympathie générale que le malheur redouté par le *Seignelay* avait excitée parmi la population. Ces sentiments, à qui les devons-nous ? Aux souvenirs toujours glorieux, quoique lointains, que nos aïeux ont laissés en Palestine. A la mission que la France a reçue et qu'elle ne cesse d'accomplir en Orient avec un dévouement et une libéralité que n'ont arrêtés ni les malheurs des temps, ni les époques troublées de notre histoire. Nous les devons aux bienfaits que répandent sur cette terre, jadis arrosée de notre sang, les nombreux établissements religieux, scolaires et hospitaliers qui m'ont confié l'agréable devoir de vous souhaiter la bienvenue. Je l'accomplis avec une patriotique émotion et une profonde gratitude, puisque vous avez affronté les fatigues, sinon les dangers du voyage, pour appeler les bénédictions du ciel sur cette France dont vous êtes les enfants tendres et affectueux.

En voyant disparaître à l'horizon les côtes de la Provence, vous n'avez pu vous défendre, j'en suis certain, de cette émotion inhérente au cœur de l'homme, qui fait que l'éloignement de la patrie augmente, pour ainsi dire, l'affection que l'on a pour elle.

Malgré l'ardeur de la foi qui vous transportait si loin, malgré la gravité du sacrifice que vous accomplissiez, quel est celui d'entre vous qui n'a pas eu une larme de tendresse pour cette France qu'il pouvait ne pas revoir, pour cette grande figure de la patrie dont la distance fait disparaître les taches (s'il en existe), et fait briller l'auréole glorieuse de son passé et les lueurs espérées de son avenir.

C'est sans doute grâce à ce consolant mirage que nous n'avons à Jérusalem ni dissension, ni partis.

Nos religieux sont tous des hommes de bonne volonté, et

la paix chantée par le chœur des anges à la Crèche de Bethléem bénit leurs travaux et fructifie leurs labeurs.

Vous visiterez tous, si vous ne l'avez déjà fait, nos établissements nationaux. Je voudrais pouvoir m'étendre, au risque de blesser leur modestie, sur les différents genres de bien que fait chacun d'eux et sur les prodiges de dévouement, d'abnégation, de charité et d'érudition qu'ils accomplissent tous les jours sous mes yeux et dont je suis, ne leur en déplaise, le témoin plein d'admiration.

Sanctuaires, hôpitaux, écoles de toutes natures, depuis l'alphabet enseigné à l'orpheline de cinq ans, jusqu'au sommet presque inaccessible des hautes études bibliques, le champ des œuvres françaises en Palestine est immense, comme le Cœur qui l'inspire.

Pénétrez-vous, comme je suis pénétré moi-même, de l'importance des services qu'ils rendent à la foi et à la civilisation, et vous serez tous des avocats convaincus et chaleureux de leurs causes, des défenseurs de leurs intérêts, des bienfaiteurs de leurs créations.

Vous vous efforcerez, chacun dans la sphère de votre action, de concourir par tous les moyens en votre pouvoir au maintien et à l'accroissement de cette heureuse situation. Vous considérerez comme un devoir de ne pas permettre que nous soyons distancés par d'autres croyances et d'autres pays dont vous constaterez les efforts pour nous évincer et, dans cette lutte pour le bien, vous apporterez les qualités dominantes de notre race, le dévouement, l'initiative et la libéralité.

Vous partirez convaincus de l'importance qui s'attache à la continuation et à l'achèvement de Notre-Dame de France et vous ne négligerez aucun sacrifice pour qu'un des plus prochains pèlerinages y mette la dernière pierre.

Les travaux de l'hospice dans lequel nous nous trouvons réunis ont été poussés avec activité l'an dernier, mais ils seraient beaucoup plus avancés encore, si un mal auquel le pèlerinage pourrait apporter remède ici, et encore plus à son retour en France, n'était venu (hélas!) arrêter les files de chameaux porteurs de chaux et émousser le ciseau des tailleurs de pierre.

Et cependant, malgré ce déplorable arrêt, qui ne sera que temporaire (j'en ai la conviction), nous devons enregistrer avec la plus profonde gratitude l'acte libéral par lequel Sa Majesté Impériale le Sultan a daigné, depuis le dernier pèlerinage, octroyer le firman de la reconnaissance officielle de Notre-Dame de France. Sa Majesté Abdul-Hamid (dont nous saluons avec respect le nom glorieux) a bien voulu, sur la demande de notre gouvernement, donner à notre nation un nouveau témoignage de l'esprit généreux et libéral qui le distingue, du paternel intérêt qu'il porte à toutes les initiatives qui concourent au bien-être et au développement de son empire, de l'attachement qu'il professe pour la France, sa plus ancienne et sa plus fidèle alliée. En échange de la généreuse hospitalité qui nous est offerte, nous nous proclamons respectueux observateurs des lois d'un État dans lequel nous jouissons de la plus grande liberté.

Monseigneur,

Mon T. R. Père, Mesdames et Messieurs,

Je n'abuserai pas plus longtemps de votre bienveillante attention. Mon seul désir est de vous faire partager les sentiments d'admiration et de dévouement dont je suis pénétré à l'égard de nos établissements français de Palestine qui font aimer et bénir le nom du pays auquel vous appartenez et que j'ai l'insigne honneur de représenter, de cette France qui est digne des bénédictions que vous appelez sur elle et dont vous apportez les encouragements et les sympathiques échos.

Vive la France !

Inutile de dire que ce cri patriotique fut souligné par des vivats pleins d'enthousiasme suivis d'applaudissements répétés à l'adresse de l'éloquent orateur.

Et maintenant que nous avons entrevu l'influence de la France catholique, étudions les œuvres de nos religieux et de nos religieuses catholiques.

Nous avons parlé des Franciscains, que l'on nomme là-bas les Pères de Terre-Sainte. De temps immémorial, ils sont les gardiens des sanctuaires de la Palestine. Saint François lui-même est venu y installer sa congrégation naissante. Le saint pauvre d'Assise avait voulu reprendre par des moyens plus évangéliques l'œuvre des croisés, et sa famille religieuse put se fixer auprès des Saints Lieux ; elle les garda fidèlement, et souvent versa son sang pour leur défense. Ainsi, vers le milieu du xiiie siècle, tous les Franciscains de Jérusalem périrent massacrés dans l'église même du Saint-Sépulcre. C'est à leur courage que nous devons d'avoir conservé la propriété de quelques-uns des lieux les plus saints de la terre. Ils occupent le grand couvent de Saint-Sauveur dont nous avons déjà parlé. Le supérieur des Pères de Terre-Sainte porte le titre de Révérendissime Père Custode. Cette dignité est toujours conférée à un Italien. Le vicaire du Custode est un Français ; le procureur général doit être un Espagnol. Les trois grandes nations catholiques sont ainsi représentées.

Dans les couvents des Pères Franciscains, les catholiques trouvent toujours une excellente hospi-

talité. A Jérusalem, ils ont une immense et superbe hôtellerie appelée *Casa-Nova*.

A côté des Franciscains, il y a place pour d'autres familles religieuses, et depuis plusieurs années elles se multiplient en Palestine. Les Pères Blancs du cardinal Lavigerie occupent l'église française de Sainte-Anne. C'est le sanctuaire donné à notre patrie par le Sultan en reconnaissance du sang versé à Sébastopol. Ah! si à cette époque la France avait voulu, si elle avait compris sa mission providentielle!... Elle n'avait qu'une demande à faire. La Russie était affaiblie, nous avions sauvé l'Empire ottoman, la France pouvait devenir l'unique protectrice des Lieux Saints et notre drapeau national aurait ombragé la tombe « du Christ qui aime les Francs. » Mais, hélas! le devoir ne fut pas compris.

Sainte-Anne se trouve près de la porte Sitti-Mariam, non loin de la vallée de Josaphat. Le drapeau tricolore flotte à la porte d'entrée ; il domine aussi l'église du couvent. Ce sanctuaire est une vieille basilique du ixe siècle restaurée admirablement il y a quelques années ; il abrite l'ancienne demeure de sainte Anne et de saint Joachim, la maison bénie où naquit la Mère de Jésus et où s'accomplit le mystère de la Conception Immaculée. Dans une crypte placée sous le chœur de la basilique, on voit trois ou quatre appartements qui formaient l'habitation des parents de Marie. Cette demeure était taillée dans le roc. J'ai eu le bonheur de célébrer la sainte Messe dans cette crypte à l'endroit même où, d'après une pieuse tradition, la sainte Vierge vint au monde.

Outre la garde de ce pieux sanctuaire, les Pères Blancs ont la charge d'élever les enfants et les jeunes gens grecs catholiques qui se destinent au sacerdoce. Ils ont à peu près quatre-vingts élèves qui leur sont confiés par les évêques grecs de Syrie. Ils leur donnent une éducation française et ils forment ainsi des générations qui aiment la France à l'égal de leur pays d'origine.

Nous avons eu un dimanche la curiosité bien légitime de venir assister à la messe solennelle célébrée à Sainte-Anne dans le rite grec arabe. Détailler les différences de ces offices avec les nôtres serait trop long ; qu'il nous suffise de noter seulement les points les plus saillants.

Les Grecs ont deux autels pour la messe solennelle ; sur le premier, appelé l'autel secondaire, ont lieu les rites préparatoires avant l'offertoire. Le pain qui sert à la messe est, contrairement à l'usage de l'église latine, du pain fermenté. Les ornements du prêtre sont à peu près les mêmes, sauf la chasuble, qui est remplacée par un manteau très ample et de couleurs variées.

Au moment de l'offertoire, le célébrant se rend à l'autel secondaire ; il y prend le calice et les oblations et les porte en grande pompe à l'autel principal ; il est précédé des thuriféraires, des acolytes et du diacre, et fait ainsi le tour du chœur.

La génuflexion, si fréquente dans notre rite, n'a lieu qu'une seule fois après la consécration ; elle est remplacée par un profond salut suivi d'un grand signe de croix qui diffère du nôtre en ce sens que l'épaule droite est signée la première, et qu'au mot *Amen,* la main, large ouverte, s'appuie sur la poitrine. Ces signes de croix se répètent très souvent pendant la messe grecque.

Les fidèles communient sous les deux espèces. Nous avons été très édifiés de la tenue irréprochable des jeunes gens du séminaire grec ; ils s'avancent vers l'autel et, après leur profond salut, ils reçoivent la Sainte Communion debout. Le prêtre donne à chacun une parcelle du pain consacré, humectée du précieux sang et déposée sur une petite spatule d'or.

Ce qui me frappe dans cette cérémonie intéressante et recueillie, c'est la part active que prennent les fidèles aux chants et aux cérémonies de la Messe. Tout le temps du Saint-Sacrifice, c'est un long dialogue entre le célébrant et le peuple dans la langue grecque ou dans la langue arabe. Je me prends à désirer qu'il en soit ainsi dans notre rite et dans nos pays catholiques, où, hélas! les fidèles se désintéressent tant du Sacrifice divin offert sur l'autel.

Le chant liturgique des grecs contient des mélodies variées, mais il procède par gammes chromatiques avec des intervalles de 1/4 ou de 1/5 de nos tons musicaux. C'est monotone ; mais à Sainte-Anne l'ensemble est parfait et les voix sont bonnes.

À côté de l'église de la Nativité de Marie se trouve une piscine que les Pères Blancs ont découverte et déblayée. On croit généralement que c'est la *piscine probatique* dont il est si souvent fait mention dans le saint Évangile.

Nous avons déjà parlé des Pères de l'Assomption et de leur œuvre magnifique de Notre-Dame de France ; ils sont puissamment aidés dans leur entreprise patriotique par un vaillant chrétien français qui, depuis de longues années, habite Jérusalem. Pendant le pèlerinage, il s'est complètement dévoué au service des pèlerins, et nous lui devons ici l'expression de notre bien sincère reconnaissance. Un poète du pèlerinage a consacré à ce généreux catholique le logogriphe suivant :

A MONSIEUR LE COMTE DE PIELLAT

De pied, là j'arrivai, sitôt quitté la selle ;
De pieds las, sans retard je pose l'escarcelle,
De Piellat me reçut près de son hôpital.
Deux pieds là, ça refait des huit jours à cheval.
De pis hélas ! ou simplement d'un mal.
De Piellat guérit tout : Honneur à ce féal :
Je vais mettre bientôt le cap vers notre France,
Huit fois le mal de mer, et ses rives voilà !
Mais je dirai longtemps, c'est là mon espérance :
Si j'ai deux pieds en France, ici j'ai de Piellat.

Les religieux de Saint-Dominique sont installés depuis quelques années au nord de Jérusalem, à côté de la porte de Damas. Ils ont bâti un couvent, et en déblayant le coteau pour bâtir, ils ont découvert les restes d'une immense église ; on croit que ce sont les ruines d'une basilique élevée en l'honneur de Saint-Etienne, parce que, d'après la tradition, l'illustre diacre premier martyr, fut lapidé en cet endroit. Le Fr. Princet, mon ancien condisciple, qui habite le monastère des dominicains m'avait très aimablement invité à venir célébrer la sainte Messe à Saint-Etienne, et c'est avec plaisir que j'ai accepté son invitation. Les pieux fils de Saint-Dominique m'ont reçu avec l'hospitalité la plus gracieusement chrétienne, et ils m'ont fait visiter leurs fouilles intéressantes et les anciens tombeaux souterrains qui se trouvent sous leur monastère. Ces tombeaux sont mieux conservés et plus intéressants que les sépulcres des rois que l'on admire sur la même colline.

De l'autre côté de Jérusalem, au delà du cimetière musulman, se trouve l'établissement des PP. de Sion, les enfants du vénéré P. Ratisbonne. Il est placé sous la protection de saint Pierre. Le supérieur est le sympathique P. de Chaumontel, que j'ai eu l'avantage de connaître à Paris, au séminaire Saint-Sulpice. Dès les premiers jours, nous nous étions rencontrés, et nous avions renouvelé connaissance. L'aimable père supérieur m'avait invité très

instamment à venir prendre un repas à son superbe
établissement de Saint-Pierre ; j'ai été ravi d'avoir
répondu à son aimable appel. Les enfants de
l'orphelinat sont élevés dans la langue française, et
ils suivent tous les exercices religieux de la communauté, bien que la plupart soient des musulmans,
des schismatiques et surtout des juifs. J'ai pu cons-
tater que pendant les prières ils se tiennent merveilleusement bien. Au milieu du diner, j'avais
remarqué un enfant qui portait à son cou une sorte
de cangue très légère ; il ne mangeait pas et suivait avec attention les conversations de ses condisciples ; tout-à-coup, il se lève précipitamment,
enlève la cangue qui entoure sa tête et la passe au
cou d'un de ses voisins qui aussitôt cesse de manger
et examine à son tour ses camarades. Ce petit
manège m'intrigue et je demande des explications
au P. de Chaumontel. L'excellent supérieur me
dit que ses enfants doivent parler toujours français
ou italien suivant les jours de la semaine ; quand
l'un d'eux est surpris parlant l'arabe il est immédiatement gratifié de cette petite planchette qu'il doit
garder à son cou jusqu'à ce qu'il ait trouvé en
flagrant délit de langage arabe un de ses condisciples auquel il passe immédiatement l'instrument
d'ignominie. C'est ainsi que les enfants d'Orient
arrivent à parler couramment plusieurs langues
européennes à 12 ou 13 ans.

A la fin du repas, l'excellente fanfare de Saint-

Pierre joue un de ses meilleurs morceaux, et on me fait visiter l'établissement qui est en même temps une excellente école d'arts et métiers.

Les Frères du Bienheureux de la Salle, ces vaillants pionniers de l'Évangile, n'ont pas seulement en Orient les superbes établissements que nous avons admirés en Egypte, ils sont aussi installés depuis quelques années en Palestine, et en 1878, ils ont fondé une école à Jérusalem. Ils ont pour supérieur, le Très Cher Frère Evague, homme d'une rare expérience et d'une grande amabilité. Leur maison, située à quelques pas de la porte de France, s'élève au lieu même de l'ancienne tour Pséphina, bâtie par Hérode Agrippa, restaurée par les Croisés et occupée par Tancrède.

Neuf cent cinquante enfants sont sortis de cette école, depuis sa fondation ; tous connaissent la langue française et emportent, à quelque culte dissident qu'ils appartiennent, un germe de vérité religieuse.

Si nous passons maintenant aux ordres religieux des femmes, nous trouvons aux premiers rangs, les sœurs de Saint-Joseph de l'Apparition, dont nous avons déjà admiré le dévouement à Nazareth. A Jérusalem, elles dirigent l'hôpital Saint-Louis que le généreux comte de Piellat a fait bâtir. Situé à côté de Notre-Dame de France, cet hospice est le refuge des pèlerins malades. Ils y trouvent les soins

les plus délicats et la charité chrétienne la plus
touchante.

Une partie de l'ancien palais de Pilate est converti
en couvent ; il est occupé par les Dames de Sion.
Les vaillantes filles du P. Ratisbonne donnent dans
leur monastère l'éducation à une centaine d'orphe-
lines catholiques. Elles ont de plus une école
musulmane séparée, et une troisième spécialement
destinée aux jeunes filles juives. Elles dirigent aussi
un dispensaire ouvert gratuitement chaque jour aux
pauvres et aux malades de toute nationalité et de
toute religion.

Pendant notre séjour à Jérusalem, nous avons eu
chez les Dames de Sion une séance dramatique et
littéraire des plus intéressantes ; on ne savait qu'admirer davantage de l'excellente diction française
des jeunes filles arabes, ou de la distinction parfaite
de leurs manières et de leur langage.

La chapelle du couvent est établie sous l'arc de
l'*Ecce Homo*, à l'endroit où l'Homme-Dieu fut
amené devant les juifs couvert de sang après sa
douloureuse flagellation. Le jour de l'Ascension, j'ai
eu le bonheur de célébrer la sainte Messe dans ce
sanctuaire vénéré. Je me souviendrai toujours de
l'émotion profonde que j'ai éprouvée, lorsqu'au moment de la sainte Communion, je présentais au
peuple la sainte Hostie. Je répétais l'*Ecce Agnus
Dei*, et je songeais que je portais alors dans mes
mains tremblantes le même Jésus qui, dix-neuf

siècles auparavant, avait été présenté au peuple par ces paroles du lâche Pilate : *Ecce Homo*. — Voilà l'homme.

Les filles de la charité sont aussi établies à Jérusalem. Elles donnent des soins aux lépreux installés dans la plaine brûlée de la Géhenne. Nous avons visité un jour ces pauvres êtres dont les membres sont rongés par l'horrible virus de la lèpre. L'héroïsme qui fait affronter aux saintes filles de Saint-Vincent de Paul le danger de la contagion, leur paraît chose toute naturelle. La charité chrétienne enfante ce prodige.

Depuis un an, l'hôpital municipal de Jérusalem a été confié aux religieuses Françaises de Saint-Vincent de Paul ; le lecteur lira avec plaisir le récit de l'installation des pieuses sœurs dans le local de l'hospice ; il verra quels honneurs on rend là-bas à nos compatriotes, et de quelle affection les entourent des musulmans et des schismatiques, quand dans notre France catholique on les chasse et on les insulte. Le récit qui suit est extrait du *Journal des Débats*, feuille peu suspecte de partialité :

« Le besoin d'un hôpital municipal, recueillant les malades de toute la ville, se faisait sentir depuis longtemps à Jérusalem. Le pacha, homme de bien, vient de réaliser cette grande œuvre, qu'avait avant lui commencée son prédécesseur, Rahouf Pacha. Mais, qui placerait-on près des malades ? Serait-ce des gardes juives ? Plus de la moitié de la population est juive. On attend encore ces jours-ci 11,000 juifs venant de Russie. Des musulmans ? Les musulmans sont en si grand nombre aussi ! Des schismatiques ? Des arméniennes ? Des cophtes ? Des catholiques ? Mais il y a si peu de catholiques, et de plus, pas un qui ait quelque autorité ! Question depuis long-temps restée sans solution ? Enfin, il y a quelques mois, le président de la municipalité, accompagné de deux effendis (1), se présente à Sœur Sion, supé-rieure des Filles de la Charité, et lui demande si elle veut donner quelques religieuses pour le nouvel hôpital. Celle-ci demande sans retard à ses supé-rieurs l'autorisation d'accepter, et, quelques jours après, la municipalité elle-même venait remercier les Sœurs de leur adhésion, et elle les engageait à disposer tout de suite la maison pour recevoir des malades.

» Il n'y avait pas de temps à perdre. C'est la semaine dernière qu'elles furent averties, et l'ou-verture devait se faire avant-hier, dimanche, en présence d'Ibrahim Pacha et du Sérail, c'est-à-dire du Conseil composé d'un membre de chaque nation, des chefs de toutes les religions et du Conseil de la ville.

» Pendant trois jours et trois nuits, les religieuses

(1) Mot turc signifiant seigneur. En Orient, on appelle *effendis,* les fonctionnaires civils et les savants, par oppo-sition à *Aga,* nom donné aux militaires.

n'avaient pris aucun repos. Dimanche, à midi, toutes les Sœurs sont convoquées pour se trouver à une heure dans la grande salle de réception. C'était à peine le temps de revenir à leur maison et de changer leur cornette.

» A une heure, le pacha arrive avec pompe ; tous les dignitaires prennent leur place. Et la Supérieure et les Sœurs ? On entend une voiture. Ce sont elles ! Aussitôt une sérénade commence, et mille voix de crier : « Vivent les Sœurs de Charité ! » Les soldats présentent les armes. La foule se presse ; les drogmans ont peine à frayer le passage aux Sœurs. Enfin, elles montent le grand escalier, précédées par les drogmans.

» A leur arrivée, tous se lèvent : « Soyez les bienvenues, mes Sœurs, dit le pacha en excellent français. Je suis trop ému de l'aspect que vous avez donné à cette maison, dans laquelle vous travaillez depuis trois jours seulement, pour pouvoir vous féliciter comme je voudrais le faire. — Excellence, nous avons fait notre devoir, dit Sœur Sion. — Je suis dans l'enthousiasme, reprend le pacha, et nous ne pouvons que nous féliciter de notre choix. » (Profond et sympathique acquiescement de l'assemblée.) « Trouvez-vous qu'il manque quelque chose ici, ou trouvez-vous toutes choses comme vous le désirez, Messieurs ? » ajouta le pacha, en s'adressant aux autorités. « Moi, répondit le grand rabbin, ce que je trouve de plus beau dans cet hospice municipal, ce sont les Filles de la Charité ; depuis cinq ans que nous les voyons à l'œuvre, elles ne se sont jamais démenties ; elles sont des mères et des sœurs pour tous, quels qu'ils soient. — Vivent les Filles de la Charité ! » cria-t-on de tous côtés dans les salles, corridors, etc. ; l'émotion est à son comble... Après cette présentation, le pacha entre au divan pour prendre part à une cérémonie religieuse turque : « Allah ! Allah ! » criaient les assistants en ouvrant les bras et en appelant la bénédiction sur les Sœurs et les malades.

» Impossible de dépeindre ce qu'avait de grandiose et d'imposant cette solennité. Un drogman vient demander à Sœur Sion si elle veut bien recevoir le médecin militaire. Sur sa réponse affirmative, le médecin se présente et dit à la Sœur : « Ma Sœur, je vous prie de vouloir bien employer tout votre crédit auprès du pacha pour m'obtenir huit lits pour que mes pauvres militaires puissent être bien soignés... » Ensuite, seize médecins de la ville, convoqués à prendre part à l'inauguration, sont présentés par le médecin de l'hôpital au pacha et aux Sœurs, lesquelles avaient repris leurs places dans le grand salon. Les rabbins, les chefs musulmans et schismatiques venaient adresser leurs félicitations au pacha et aux Sœurs.

» Alors le président du Conseil municipal fit rassembler tout le personnel de l'établissement devant les Sœurs. Une scène bien émouvante commença : il fit jurer aux médecins d'abord, aux pharmaciens ensuite, respect pour les Sœurs ; aux infirmiers, cuisiniers, jardiniers, portiers, respect et soumission aux Sœurs. Chacun vint selon son rang, et jura, selon sa langue et le mode de sa nationalité, ce qu'on lui demanda. Et quand le dernier fut retiré : « Je vous confie cette maison, mes Sœurs, vous êtes chez vous ; je n'ai pas besoin de vous demander d'être des mères au milieu de vos enfants. » Cette séance, commencée à une heure de l'après-midi, se termina à six heures du soir. »

Voilà comment sont estimées là-bas celles que les francs-maçons chassent ici !

Sur la montagne des Oliviers se dresse un monastère français : c'est le couvent des Carmélites. Dans le cloître qui précède leur église, on peut lire, dans toutes les langues anciennes et modernes, les paroles du *Pater*. La tradition rapporte que dans une grotte placée sous le cloître, Notre-Seigneur enseigna jadis l'oraison dominicale à ses disciples. Dans un des jardins du monastère des Carmélites, on visite une autre caverne transformée en chapelle. D'après une pieuse croyance, on pense que les apôtres, après avoir reçu le Saint-Esprit au Cénacle, se réunirent sur le mont des Oliviers, au fond de cette grotte écartée, pour y composer le symbole qui porte leur nom et qui contient l'abrégé de toute la doctrine catholique.

Citons encore les Clarisses du mont Sion, les Religieuses de Marie Réparatrice et les Sœurs du Rosaire, qui prient là-bas pour la France, leur patrie, et supplient le Très-Haut d'avoir pitié de l'ingrate Jérusalem et de tous les pécheurs du monde.

Nous devons mentionner ici les grecs catholiques, tous Français de cœur, et dont les œuvres récentes ont le plus grand intérêt. Les grecs catholiques ou grecs unis sont ceux qui, au moment du schisme de Photius, ne partagèrent pas les erreurs de leurs coreligionnaires et restèrent unis au Souverain-Pontife. Leur patriarche réside à Damas, mais sa juridiction s'étend sur toute la Palestine, et à Jérusalem il a un vicaire général. Ce vicaire général est le R. P. Mallouk, ancien élève de Saint-Sulpice, où j'ai eu l'avantage de le connaître et de l'apprécier pendant deux ans. Dès les premiers jours de notre arrivée à Jérusalem, il était venu me faire une visite et m'avait invité à venir le voir au patriarcat grec. J'aimais beaucoup à aller me reposer dans sa demeure hospitalière, où je trouvais toujours un charmant acceuil aussi bien de sa part que de celle des prêtres grecs, ses collaborateurs. L'hospitalité était toute orientale ; à peine installé au divan, un nègre apportait un plateau chargé toujours de petites tasses remplies d'un excellent café, et de cigarettes exquises. Le R. P. Mallouk avait conservé un excellent souvenir des années

passées en France, et il était heureux d'apprendre ce qu'étaient devenus ses anciens condisciples.

Les grecs catholiques sont propriétaires, depuis quelques années, de la maison de sainte Véronique (sixième station du chemin de la Croix). Le Père Mallouk a fait restaurer la maison de cette vaillante sainte et il a entrepris de construire à côté une petite église en son honneur. Il compte sur l'argent de la France pour mener à bonne fin sa sainte entreprise et jusqu'ici son espérance n'a pas été trompée.

Aimablement, le distingué Vicaire général grec voulut m'avoir au dîner donné à son patriarcat en l'honneur des évêques du pèlerinage. Mgr Koppès, absent, ne put pas accepter l'invitation, mais Mgr Denéchaud présida avec sa bonté accoutumée. Plusieurs prêtres grecs assistaient au repas ainsi qu'un des Pères Augustins délégué pour représenter le Père Directeur, et M. Roca, vicaire général de Perpignan. A la fin du dîner, suivant l'usage oriental, le P. Cyrille, professeur de liturgie et d'arabe au séminaire grec de Sainte-Anne, chante un compliment arabe sur une de ces mélodies plaintives et mélancoliques dont nous avons déjà constaté le genre original. Avant de sortir de table, Mgr de Tulle porte un toast à l'église grecque unie et à S. B. Mgr le Patriarche grec. M. Mallouk répond en buvant à la France catholique. Nous passons ensuite au divan pour prendre une tasse d'un excellent café oriental. Vers 9 heures, nous partons, précédés du cavas du patriarcat qui nous accompagne sabre au poing jusqu'à la porte de Notre-Dame de France.

En terminant ce chapitre, disons quelques mots des sectes chrétiennes qui sont installées à Jérusalem. Les grecs schismatiques sont les plus nombreux ; ils ont suivi le schisme de Photius, patriarche de Constantinople, et leur grande erreur se rapporte surtout à la procession de la troisième personne de la Sainte-Trinité. Ils ne veulent pas admettre que le Saint-Esprit procède du Père et du Fils ; ils prétendent que la troisième personne de la Sainte-Trinité procède seulement du Père, contrairement à l'enseignement de l'Eglise catholique romaine. Mais à voir les choses de près, le clergé grec est bien plus loin de nous par son assujettissement au pouvoir laïque, son ignorance et ses vues matérielles que par ses erreurs dogmatiques. Depuis le commencement de ce siècle, l'église grecque schismatique a pris à Jérusalem une influence prépondérante. La Russie la maintient de toute son autorité. Le Czar est le prince chrétien qui s'occupe le plus de la Palestine et multiplie davantage les fondations dans la Ville Sainte. Le patriarche des grecs habite le couvent de Saint-Constantin, à côté du mur occidental du Saint-Sépulcre. Il est nommé par le synode et reçoit l'investiture du sultan de Constantinople, à qui il doit en retour un baghchich de 100,000 fr.

La secte arménienne est plus riche et peut-être

plus indépendante. Elle se compose d'artisans et d'industriels plus habiles en affaires que les grecs et les juifs eux-mêmes. Ils possèdent, nous l'avons vu, l'église Saint-Jacques et un couvent qui est le plus opulent de la ville. Son patriarche a juridiction sur toute la Palestine et sur l'ile de Chypre. Les arméniens n'admettent qu'une nature en Jésus-Christ ; ils sont donc hérétiques depuis le concile de Chalcédoine et sont séparés de l'église grecque aussi bien que de l'église latine.

Les syriens non unis ou jacobites sont dans une situation à peu près analogue comme orthodoxie, mais très différente comme fortune et comme nombre. Quelques cophtes ou abyssins disséminés en Palestine partagent les mêmes erreurs et la même misère.

Les protestants, au contraire, disposent de grandes richesses et sont soutenus par la Prusse et par l'Angleterre. L'évêque qui les gouverne est alternativement anglais ou allemand.

Les musulmans, très nombreux, sont plus fanatiques qu'ailleurs, à cause sans doute du souvenir des croisades et du spectacle des dissidences entre les chrétiens.

Les juifs sont entassés dans le quartier bas de la ville, sur les pentes du mont Sion. Ils ont plusieurs synagogues, deux hôpitaux et des écoles. Leur nombre s'accroît de jour en jour. Ils construisent aux environs de la cité sainte des groupes de maisons qui deviennent de véritables villages. On dit que les Rothschild font bâtir ces hameaux juifs à leurs frais.

Telles sont les sectes diverses contre lesquelles doivent lutter les catholiques soutenus officiellement par la France. Ah! puisse le Ciel bénir leurs œuvres et couronner leurs efforts! Puisse la France comprendre sa mission en Orient et remplir son devoir! Puissent les catholiques français venir nombreux à Jérusalem afin d'encourager par leur présence nos admirables religieux! Puisse enfin, s'il plaît à Dieu, la vraie religion devenir prépondérante à Jérusalem!

CHAPITRE XIV

LE RETOUR EN FRANCE

Le 19 mai était le jour fixé pour notre départ de Jérusalem. La veille au soir, vers 4 heures, je pars sur un âne pour aller faire une dernière promenade dans la cité. Mon but est de monter sur la montagne des Oliviers afin d'embrasser dans son ensemble la Ville Sainte tout entière, avec ses environs, et de revenir par le Saint-Sépulcre. Arrivé sur le mont de l'Ascension, je m'arrête au pied d'un térébinthe touffu ; je laisse ma monture brouter tranquillement l'herbe du chemin, et, seul en ce lieu plein de souvenirs, je laisse errer mes regards sur la vue grandiose qui s'étend devant moi.

A mes pieds, se trouve la vallée de Josaphat, où nous viendrons tous un jour ; et la pensée du jugement dernier envahit mon esprit ; je tourne les regards vers la droite, le côté des bons et des élus, et une fervente prière monte de mon cœur à mes lèvres pour obtenir du Ciel d'être un jour de ce côté béni avec tous ceux que j'aime. Et je regarde au-delà de la vallée Jérusalem avec son entourage de remparts antiques, avec ses mosquées et ses églises. Le soleil couchant dore de ses derniers rayons les rares arbres qui dominent le mont Sion, et la cité sainte s'étend à mes pieds comme un linceul gris. Aucun bruit ne s'élève de cette ville peuplée pourtant de soixante-quinze mille âmes ; aucun cri de joie, d'enthousiasme, de vie, ne monte jusqu'à moi ; on dirait que le linceul formé par le crépuscule couvre un immense tombeau. Du sépulcre du Christ semble sortir la vie ; le reste annonce la mort, la mort éternelle ; et ma tête tombe dans mes deux mains, et à l'aide de l'imagination, je me souviens des chants des prophètes autour de la cité, je me rappelle David entonnant des hymnes devant l'arche sainte, Salomon dans son palais, et au-dessus de toutes ces images la grande et sainte figure de Jésus. Je crois Le voir encore enseignant la foule, caressant les enfants, instruisant ses apôtres... et je regarde de nouveau Jérusalem ; mes yeux vont du Golgotha, où Jésus consomma l'œuvre de la rédemption, au

Cénacle, d'où les apôtres partirent pour enseigner l'Evangile. Plus que jamais peut-être je comprends ce grand miracle de la conversion du monde accomplie en quelques années par une poignée d'hommes ignorants et grossiers. O puissance de la grâce divine ! ô merveilleux effets de la foi ! ces hommes naguère si lâches, confirmés en grâce par le Saint-Esprit, se promènent à travers le monde ; Ils prêchent un Dieu ressuscité ; ils enseignent une doctrine toute nouvelle; ils donnent l'exemple d'une morale rigide et pure ; ils battent en brèche par leurs enseignements toutes les doctrines perverses, tous les instincts mauvais, toutes les coutumes païennes et barbares de cette époque ; au point de vue humain, en un mot, ils n'ont aucune chance de réussir, et cependant, à leur voix, des foules de gentils se convertissent, le christianisme s'établit, et quelques années après il est répandu dans le monde entier.

Les empereurs romains luttent contre cette religion envahissante ; ils ordonnent de persécuter partout les disciples de Jésus, on les massacre dans le monde entier, mais le sang des martyrs est une semence de chrétiens, et ils se multiplient avec une rapidité miraculeuse. Les Césars, avec toute leur puissance, avec les forces de l'univers entier dont ils disposent, ne peuvent pas lutter contre le divin Crucifié du Golgotha, ils meurent les uns après les autres et sur les ruines noircies de leurs palais superbes, s'élève triomphante la croix de Jésus-Christ.

Mais il faut s'arracher à ces pieuses méditations, à ces grands souvenirs, à cet enthousiasme de chrétien. Je remonte sur mon modeste animal et je rentre à Jérusalem par la porte Sitti-Mariam pour faire une dernière visite au Saint-Sépulcre. Il est tard, on va fermer les portes, je n'ai que le temps de baiser une dernière fois le marbre du tombeau sacré et de recommander de nouveau au ciel toutes les intentions de mon pèlerinage.

Le soir, à Notre-Dame de France, dans ce dernier repas pris ensemble, sous le toit hospitalier des Pères de l'Assomption, les poètes redoublent nos regrets en nous lisant de charmants vers. Citons d'abord ces belles strophes de M. l'abbé Fossey :

ADIEUX AU SAINT-SÉPULCRE

Tombeau divin où se coucha mon Maître,
Lit de repos, trône du Roi des rois,
Tu vas bientôt à mes yeux disparaître,
Je te contemple une dernière fois.
Il faut partir, là-bas, sur le rivage,
On nous attend, il faut te dire adieu,
Mais tu vivras dans mon cœur, d'âge en âge,
    Sépulcre glorieux de mon Dieu.

REFRAIN

Jérusalem, ma seconde patrie,
Ton souvenir fera tout mon bonheur.
Je vivrai du passé, ton image chérie
Remplit mon pauvre cœur.

Sur ce Sépulcre, une fois dans ma vie,
Si j'ai prié, c'est assez pour ma foi.
Si je mourais, de mon âme ravie,
Le dernier cri serait encor pour toi.
Avec mes vœux, tu reçus ma prière,
Et mes baisers t'ont dit tout mon amour ;
Berceau divin d'où jaillit la lumière
    Qui doit m'illuminer un jour.

Là, mon Seigneur s'est revêtu de gloire,
Récompensé de ses longues douleurs,
En frère aimant, je viens chanter victoire,
Comme au Calvaire où j'ai versé mes pleurs.
Car tu voulus, dans ton amour immense,
Me dire « Ami » et non pas « serviteur » ;
Ah ! mon Jésus ! quelle ardeur quand je pense
    Que je suis l'ami de ton Cœur.

Je suis ton prêtre, et mon humble parole
Peut t'enfanter sur un autre tombeau.
Dans mon pays, c'est le même symbole ;
Chaque autel forme un sépulcre nouveau.
France, la douce, est mon autre patrie,
Sion moderne où tu veux habiter,
Là, c'est la mort, mais ici c'est la vie,
    En France, je veux retourner.

Le R. P. Marie-Jules, dans une courte poésie, porte un toast charmant aux religieux et aux religieuses de Jérusalem :

AUX COMMUNAUTÉS RELIGIEUSES

A vous tous, nos amis : de France ou de Navarre,
Anglais, Italien, Belge, Allemand, Bulgare ;

Nos cœurs ne font plus qu'un sur le sol de Sion,
Jésus-Christ de nous tous fit une nation.
Marchons les rangs serrés et toujours côte à côte
Au pays du Calvaire et de la Pentecôte.
Qu'importe la couleur, drapeaux ou vêtements :
Que nous soyons ou bruns, marrons, ou noirs, ou blancs,
La sœur de Saint-Joseph ou la sœur à cornette,
La dame de Sion, ou le frère en vedette...
Bref, depuis le vieux temps de feu Mathusalem
A tous les ouvriers, noble Jérusalem,
Dans le ciel, saint François bien joyeux, nous regarde.
A ses fils, sur ce sol, vrais soldats d'avant-garde.
         Il voit s'unir un bataillon.
             Réjouis-toi, Sion.
Ta voix retentira du couchant à l'aurore,
Les peuples t'entendront ; tu régneras encore.
             Et Jésus-Christ pasteur
Nous réunira tous sous son sceptre vainqueur.

Le lendemain 19 mai, notre départ est fixé à
5 heures du matin. La course est longue de Jérusa-
salem à Jaffa, 80 kilomètres environ. Nous nous
installons dans une vieille voiture que traînent trois
forts chevaux. Nous sommes cinq ; aux représentants de la Vendée ont bien voulu se joindre deux
pèlerins du Roussillon, M. l'abbé Roca, vicaire
général, et M. Payré.

Nous partons, notre cœur se serre ; Jérusalem
disparaît peu à peu à nos yeux. Nous répétons
ensemble les vers que le P. Marie-Jules nous a lus
hier soir :

ADIEUX A JÉRUSALEM

(Air : *Du nid charmant caché sous la feuillée*.)

Il faut partir,
Tel est le cri d'alarme,
Reçois, chère Sion, une dernière larme
Il faut partir,
Tel est le cri d'alarme,
Sion, de tes grandeurs je garde le souvenir.

REFRAIN

Encore un prière
En quittant le saint Lieu ;
Plutôt que t'oublier, s'éclipse la lumière,
Jérusalem adieu ! (*bis.*)

Il faut partir,
Au jardin solitaire,
Où Jésus se plaisait à faire sa prière,
Il faut partir,
Au jardin solitaire
Reverrai-je la rose et l'olivier fleurir ?

Il faut partir,
Adieu, grotte bénie
Témoin de la sueur, du sang de l'agonie,
Il faut partir,
Adieu, grotte bénie,
Où l'on aime à verser les pleurs du repentir.

Il faut partir,
O route douloureuse ?
De pleurer sur ton sol mon âme fut heureuse :
Il faut partir,
O route douloureuse,
Puis-je espérer qu'un jour je viendrai te gravir ?

Il faut partir,
Adieu, mont du Calvaire.
L'empreinte des baisers restera sur ta pierre,
Il faut partir,
Adieu, mont du Calvaire,
J'ai lu sur tes rochers l'amour d'un Dieu martyr.

Il faut partir,
Sépulcre plein de gloire,
L'*Alleluia* sans fin célèbre ta victoire.
Il faut partir,
Sépulcre plein de gloire,
Ta poussière vaut mieux que l'or et le saphir.

Il faut partir,
Mont de l'Eucharistie,
Sur tes cîmes, Sion, Jésus devint Hostie.
Il faut partir,
Mont de l'Eucharistie,
A ton cénacle en deuil, un meilleur avenir.

Il faut partir,
Adieu montagne sainte,
Où, de son pied vainqueur, Jésus laissa l'empreinte.
Il faut partir,
Adieu montagne sainte,
Sur tes sommets joyeux, j'aurais voulu mourir.

Notre voyage continue : bientôt nous apercevons dans un coin de la vallée le gracieux village d'Aïn-Karim. Nous saluons les souvenirs précieux de saint Jean-Baptiste et le sanctuaire de la Visitation. Vers 9 heures, on s'arrête pour faire reposer les chevaux, auprès d'une pauvre demeure arabe. Il nous prend fantaisie d'en visiter l'intérieur ; nous entrons dans l'unique salle de la maison. Elle sert à abriter pêle-mêle, le père, la mère, les enfants et tous les animaux domestiques. Le fond de l'appartement est élevé de 3 pieds environ, et des nattes y sont étendues. C'est le dortoir de la famille ; quelques enfants enveloppés dans des langes sales grouillent sur ces nattes ou achèvent de prendre leur repos de la nuit. A côté d'eux, des chiens, des chats, des poulets, deux ânes, un cheval couché et malade, et dans un coin un énorme chameau qui nous regarde avec douceur. Que c'est triste ! mon Dieu ; que c'est sale et repoussant surtout ! Espérons qu'un jour la vraie religion donnera un peu de civilisation et de bien-être à ce peuple dégradé.

Nous repartons bientôt et nous arrivons à Ramleh. Le monument que nous apercevons en arrivant est la tour des Quarante-Martyrs. Dans la ville, il y a un monastère des Pères Franciscains (*Casa-Nova*) et un couvent des Sœurs de Saint-Joseph de l'Apparition. Ramleh est l'ancienne Arimathie, patrie des saints Joseph et Nicodème qui ensevelirent le corps du Sauveur. Cette ville fut la première occupée par les croisés, qui livrèrent aux alentours plusieurs batailles sanglantes.

Nous nous dirigeons vers *Casa-Nova ;* le couvent occupe l'emplacement de la maison de saint Joseph d'Arimathie. A côté se trouve l'église de Saint-Nicodème, bâtie à l'endroit où ce dernier avait son atelier de sculpture. On montre dans le monastère un appartement où coucha, dit-on, le général Bonaparte.

Les Pères Franciscains nous reçoivent avec leur amabilité accoutumée et nous offrent à déjeuner. Pendant le repas, le vice-consul de Ramleh vient nous voir : c'est un indigène catholique qui a longtemps habité la France. Agé de quatre-vingt-dix ans, il a gardé un excellent souvenir de son séjour dans notre pays et il parle avec délice de la patrie française. Son enthousiasme nous fait plaisir, et son langage, mélange curieux d'italien, d'arabe et de français, cause souvent notre hilarité.

Nous reprenons notre véhicule antique à 3 heures de l'après-midi, et, après deux heures de marche, nous apercevons Jaffa. A trois ou quatre cents mètres de la ville, le cocher nous montre un cimetière arabe ; c'est là que se trouvait jadis la maison de Tabitha, la femme chrétienne que saint Pierre vint ressusciter pour ne pas priver les fidèles de ses bonnes œuvres et de ses libéralités. C'est l'ancienne Lydda, dont il est parlé dans les Actes des Apôtres.

A l'entrée de la ville, nous trouvons un hôtel ; il est tenu par un Français du Roussillon, compatriote de MM. Roca et Payré. On nous reçoit à merveille, et avec M. Boutin et le P. Baud on nous installe dans une chambre haute où se trouvent trois lits. On a de la fenêtre une magnifique vue sur les jardins de Jaffa, très odoriférants et très soignés, mais bien au-dessous, il me semble, de leur réputation.

Nous allons en ville pour visiter les curiosités. La nouvelle église catholique que les Franciscains font bâtir sera un superbe édifice. Les mosaïques, les marbres précieux, l'albâtre, l'or, sont partout et feront de ce temple chrétien un fort beau monument.

On nous montre la maison de Simon le Corroyeur, où saint Pierre logea lors de son voyage à Joppé et où il eut la vision célèbre que racontent les Actes des Apôtres.

Nous allons au port admirer la vue de la mer. A quelques centaines de mètres, à l'ancre, le *Poitou* se balance doucement. Le drapeau flotte au vent et semble nous adresser le salut de la France.

Nous visitons ensuite l'hospice que les Sœurs de Saint-Joseph ont fait construire et la maison où les Frères de la Doctrine Chrétienne élèvent plus de deux cents enfants. Un bon Frère nous accompagne et nous ramène à notre hôtel.

Le repas, tout à fait à la française, est très gai : plusieurs jeunes gens du pèlerinage viennent nous rejoindre et nous sommes nombreux. Vers 9 heures nous allons prendre possession de nos lits ; mais, hélas ! le bon Dieu demande de nous une nouvelle pénitence avant de quitter la Palestine. La chaleur est épouvantable ; elle nous énerve et nous empêche de dormir.

Enfin la nuit s'achève ; nous disons la sainte Messe chez les Frères ; nous déjeunons substantiellement, et nous nous rendons au port pour monter dans les barques qui doivent nous conduire au *Poitou*. Il fait un temps superbe, et du pont de notre paquebot on voit admirablement Jaffa qui s'étale en amphithéâtre sur la côte accidentée.

« Jaffa (autrefois Joppé), passe pour être la ville même où Noé construisit l'*Arche*. Elle aurait été rebâtie après le déluge par Japhet, qui lui donna son nom. Josèphe historien juif, raconte qu'on recueillait sur le rivage les restes du *bitume* qui avait servi à enduire l'arche, et qu'on s'en servait contre les maladies. Au temps de Saint-Jérôme, on y montrait le rocher où *Andromède* avait été enchaînée et délivrée par Persée. Lorsque les hébreux entrèrent dans la Terre-Promise, Joppé échut à la tribut de *Dan*. »

« Le prophète *Jonas*, recevant de Dieu l'ordre d'aller prêcher la pénitence à Ninive, vint s'y embarquer pour échapper à cet ordre. On sait comment, jeté à la mer pour calmer une effroyable tempête, ce pauvre Jonas fut recueilli et ramené sur la route où l'appelait l'ordre de Dieu par un monstre marin plus agile que le *Poitou,* et nageant de ses propres forces.

« Après la destruction de Jérusalem, Joppé fut détruite, puis rebâtie ; elle ne reprit de l'importance qu'au temps des croisades, où elle fut érigée en comté, embellie et fortifiée par Baudouin Ier. A Jaffa, saint Louis apprit la mort de sa mère, la reine Blanche. »

« Cette ville fut prise par les Français en 1799. Leur passage y fut marqué par deux tristes épisodes, si l'on en croit certains historiens : le massacre des prisonniers et l'empoisonnement des pestiférés. On montre dans le couvent des arméniens la salle occupée par ces derniers. »

Jaffa compte aujourd'hui 16,000 habitants. Ses rues sont étroites et tortueuses, la plupart montantes et mal pavées.

Pendant que sur la passerelle nous prenons connaissance de tous ces renseignements historiques en regardant une dernière fois la Palestine, les pèlerins sont tous arrivés à bord. On veut partir, mais la douane fait des difficultés pour nos bagages. Il faut, paraît-il, télégraphier au consul général, qui répond en affirmant nos droits et en accompagnant cette affirmation de menaces qui effrayent les Arabes. Les colis arrivent donc, mais beaucoup sont démolis ; un pliant auquel je tenais beaucoup m'a été volé ; je me console en pensant que d'autres ont fait des pertes plus considérables.

Au moment de lever l'ancre, le R. P. Directeur reçoit une triste nouvelle. On a laissé à Jérusalem une pèlerine âgée, malade déjà depuis quelques jours d'un érésipèle, affection fort grave en Pales-

tine. Mme Bougon, c'est le nom de cette dame vénérable, est décédée ce matin à l'hôpital Saint-Louis.
Demain, dans la chapelle flottante, nous célébrerons
un service funèbre pour le repos de son âme.

Enfin nous partons ; la mer est belle, mais au
large de gros moussons annoncent du vent pour le
soir. Nous perdons de vue les rivages bénis de la
Terre Sainte, et ce n'est pas sans regret que nous
disons adieu à ce pays sacré où Jésus habita et
mourut pour sauver les pécheurs. Une houle assez
forte arrive bientôt et donne à nos regrets une nouvelle amertume.

Nous sommes au mercredi 20 mai ; nous ne
devons débarquer à Marseille que le mercredi 27,
mais ces huit jours (abstraction faite du mal de
mer qui rend bien souvent la traversée pénible) se
passent rapidement, grâce à l'amabilité de l'équipage, à la franche gaieté des passagers, et à de
superbes fêtes religieuses. Ces cérémonies revêtent
cette année un éclat tout particulier à cause de la
présence des deux évêques.

Le dimanche 24 mai a été sans contredit la plus
belle journée de notre traversée. Le bon Dieu a
permis que la mer soit calme et tranquille jusqu'à
la fin de la fête. Dès l'aller, quelques personnes
de bonne volonté avaient préparé un jeune mousse
à sa première communion. Un matelot, déjà
vieux loup de mer, touché par la grâce, avait
demandé à être instruit lui aussi sur les mys-

tères de la religion, et il s'approchait de la table sainte le jour même où, à Marseille, sa fille faisait sa première communion. La fête de la sainte Trinité avait été choisie pour la touchante cérémonie. Cette grande journée fut précédée d'une nuit d'adoration du Saint-Sacrement ; nos jeunes gens pèlerins, pleins de foi et d'ardeur, en avaient pris l'initiative. On récita d'heure en heure l'office du Saint-Sacrement selon le règlement de l'adoration nocturne. Au matin, le navire fut pavoisé et le canon annonça la fête.

La messe solennelle a lieu à 8 heures. Elle est célébrée par Mgr Denéchaud, évêque de Tulle. L'autel, paré par des mains habiles, est entouré du drapeau de la patrie ; les deux premiers communiants sont en première ligne ; ils ont derrière eux Mgr de Luxembourg et tout l'équipage en grand costume. Les pèlerins remplissent toute la chapelle.

Jamais fils de roi ou d'empereur n'eut une plus belle assistance, une plus belle couronne de prêtres à ses côtés, le jour de sa première communion. Jamais la plus splendide cathédrale n'a offert, un jour de fête, un spectacle comparable à celui dont nous jouissons. Sous un ciel d'un bleu délicieux, le *Poitou*, nouvelle arche sainte, glisse majestueux sur les flots. On n'aperçoit aucune terre ; c'est l'infinité de Dieu au milieu de l'immensité des flots.

Mais voici l'élévation ; le silence s'est fait ; le Dieu qui commande à la mer et aux tempêtes descend des cieux et se repose au milieu de nous. Deux coups de canon saluent la présence du Roi des rois.

Avant la sainte communion, Mgr de Tulle prononce une courte allocution. Sa Grandeur parle avec son âme et touche tous nos cœurs. Enfin, l'heureux moment est arrivé, les communiants s'avancent pour recevoir leur Dieu ; la plupart des pèlerins les accompagne à la table sainte. Un chœur de voix très exercées chante un délicieux cantique à l'Eucharistie.

Après la sainte Messe, Mgr de Tulle donne aux premiers communiants le sacrement de Confirmation et la cérémonie s'achève par le chant du *Te Deum*.

Le soir, les vêpres sont chantées avec solennité, et les nouveaux confirmés renouvellent les promesses de leur baptême. Mais il manquait quelque chose à cette journée riche déjà de tant de grâces et parfumée de si douces émotions. On veut couronner la fête par une procession solennelle du Très-Saint-Sacrement. Nous ne dépendons point d'un conseil municipal radical ou franc-maçon ; sur le *Poitou,* nous sommes libres dans notre foi et dans nos actes, et nous ouvrons la voie au Dieu de l'Eucharistie. Au centre du navire, à côté de la cabine du capitaine, des mains habiles improvisent un reposoir : les draperies si riches de l'Orient forment de superbes tapis ; les drapeaux ombragent l'autel, des faisceaux d'armes s'étalent autour. Tout est prêt. Les pèlerins se forment en procession suivant l'ordre habituel ; le dais est précédé de vingt-cinq prêtres parés des ornements sacerdotaux. Le Saint-Sacrement est porté par Mgr de Luxembourg, entouré du commandant, du capitaine en second, du chef mécanicien et du docteur, qui tiennent le dais. Derrière s'avancent les premiers communiants et Mgr de Tulle.

Aux reposoirs, au moment des bénédictions du Très-Saint-Sacrement, le canon gronde avec éclat. Nous approchons des côtes d'Italie et plusieurs vaisseaux sont en vue ; croyant à des signaux de détresse, ils mettent le cap vers le *Poitou,* mais le lieutenant leur explique vite au moyen des signes conventionnels que nos coups de canons sont des signes de réjouissance.

La procession revient à la chapelle, et au moment où le Saint-Sacrement rentre dans le tabernacle, le vent souffle tout à coup avec violence et donne pendant quelque temps un roulis désagréable. Mais, vers 5 heures, nous entrons dans le détroit de Messine, et la mer devient comme un lac. Nous pouvons admirer en plein jour ce magnifique panorama que nous avons vu à l'aller au clair de lune. Reggio à droite, Messine à gauche se montrent entourées de leur magnifique cadre formé par les montagnes, le ciel bleu et l'azur des flots. Le soir, après le repas, on se réunit au centre du navire

pour les divertissements habituels. Ce jour-là, les
poètes prirent pour thème de leurs compositions la
pieuse cérémonie du matin. Citons la poésie du
R. P. Bargaroon :

AU JEUNE MOUSSE

QUI A FAIT SA PREMIÈRE COMMUNION SUR LE « POITOU »

Le 21 mai 1891.

MON CHER AMI,

Ce matin, le Seigneur a visité ton âme,
Ton cœur est devenu son ciboire vivant ;
C'est la première fois que sa divine flamme
Pénètre tout entière en toi, mon cher enfant.

Avec un saint respect conserve la mémoire
De ce jour où ton Dieu t'a prouvé son amour ;
C'est un jour de bonheur et c'est un jour de gloire,
Il n'est point ici-bas, enfant, de plus beau jour.

Sans doute, pour combler les vœux de ta tendresse,
Ton cœur eût souhaité tous tes amis présents.
Mais ils n'étaient pas là... Dieu veut que la tristesse
Accompagne toujours nos plus joyeux instants.

Pourtant réjouis-toi ; la douce Providence
Veut rendre moins amer le vide de ton cœur ;
Elle veut qu'en ce jour si beau de ton enfance
D'autres amis soient là, témoins de ton bonheur.

Du passage de Dieu garde la forte empreinte,
Pense au Pontife saint qui t'a communié,
Aux pèlerins nombreux rentrant de Terre Sainte,
A tous ceux qui pour toi, ce matin, ont prié.

Oui, souviens-toi toujours de la belle couronne
Formée autour de toi près du banquet divin,
Si Dieu de tant d'amour aujourd'hui t'environne
Courage ! Sur ta barque il veillera demain !

C'est pendant la traversée du détroit de Messine,
qu'eut lieu un incident assez comique. On fit croire
à un jeune homme, souvent atteint par le mal de
mer, que le *Poitou* allait stopper à Reggio et que
ceux qui voudraient revenir par terre seraient libres
de nous quitter. Le jeune pèlerin, fit ses malles et
s'équipa pour partir. M. Tréca, avec sa verve
habituelle, a raconté très exactement cette scène
dans la charmante poésie suivante :

UNE HISTOIRE VRAIE

Le *Poitou*, sur les flots nous balançait toujours ;
Quand la mer se fâchait, longs nous semblaient les jours ;
J'en connais quelques uns dont le mâle courage
S'affaiblissait un peu lorsque grondait l'orage,
Quand le vaisseau roulait de tribord à babord,
Leur frais minois prenait une pâleur de mort,
Et que si, par surcroît, nous berçait le tangage,
Les pèlerins contrits faisaient triste visage !
« Marseille est donc bien loin ! Quand arriverons-nous ?
» Car revoir son pays, c'est un spectacle doux... »
Ainsi se lamentait, n'ayant plus d'espérance,
Un jeune pèlerin du pays de Provence...
— « Comment, vous ignorez notre futur bonheur ?
Répondit, sans broncher, un compagnon farceur,
» Le commandant l'a dit, au sud de l'Italie
» Le navire s'arrête ; aucun serment ne lie

» Les passagers à bord : quiconque le voudra
» Sur le sol Calabrais bientôt atterrira. »

— « Le fait est-il exact ? interrogea notre homme ;
» Je vais admirer Naple et revenir par Rome
» En glissant sur les rails... Quelle aubaine vraiment. »

— « Oui, oui, le fait est vrai, j'en ferais le serment. »
Sitôt rigaillarda, notre jeune malade
Prend un air guilleret et plus du tout maussade :

« Qui veut m'accompagner ? qui m'aime me suivra.
» Et de voir du pays ne se repentira !... »
Chacun de s'écrier : « Moi, je vous accompagne ;
» Ensemble nous verrons la romaine campagne,
» Le Vatican, le Tibre et le vieux Panthéon,
» Les rouges cardinaux, le grand pape Léon... »
— « Grand merci, mes amis ! » — La troupe s'organise,
A discuter les plans, la soif un peu s'éguise :
« Holà, maître d'hôtel, apportez des boissons,
» Nous allons échanger l'empire des poissons
» Contre un terrain plus ferme; holà, de la chartreuse
» Pour ensemble fêter la circonstance heureuse
» Qui nous préservera du vilain mal de mer :
» Vive à jamais la terre et le chemin de fer... »
On trinque à l'unisson... Plein d'adresse et de ruse
Le compagnon farceur fait ouvrir la cambuse
Qui recèle en ses flancs le bagage commun ;
Le garde magasin fait remise à chacun
Du colis renfermant habit, linge et chaussure.
Le jeune pèlerin, en mirant sa figure,
Se dit : « J'ai le teint noir, brûlé par le soleil,
» Le savon du Congo rendra ce teint vermeil ;
» Changeons de vêtement... Je suis sauvé de l'onde ;
» Pas plus tard que demain, je rentre dans le monde ;
» Je dois être correct un peu plus qu'en bateau...
» Est-il besoin de l'être entre le ciel et l'eau ? »

Aussitôt fait que dit, et le jeune touriste,
Au désir d'être beau, plus du tout ne résiste.
Il va de groupe en groupe en faisant ses adieux
Et bien qu'il soit content, des pleurs mouillent ses yeux...

. . . .

. . . .

Aux bords Siciliens, la vaillante Messine,
La pointe du Faro sur la mer se dessine,
Tandis que Reggio, sur le roc Calabrais,
Les pieds d'azur baignés, par la nuit prend le frais.
Dans son gouffre sans fond, Charybde est toujours-là
Ebranlant, mais en vain, les rochers de Scylla.
Dans le chenal étroit notre *Poitou* s'avance
Fièrement arborant le pavillon de France...
Il ralentit sa marche... il va donc s'arrêter,
Dans les eaux de Calabre, il va l'ancre jeter :
« Adieu ! mes compagnons, et vous, cher équipage ! »...
Mais... le *Poitou* moqueur, s'éloigne du rivage
Et s'élance bientôt vers l'ardent Stromboli :
« Le ciel s'est obscurci, gagnons vite notre lit... »
Le vent souffle à l'instant, présageant la tempête ;
Neptune est en courroux, la vapeur lui tient tête
Et trace sur les eaux son sillage écumeux :
Tel un rayon d'argent, sous un ciel ténébreux...
.... Au lendemain matin, penché sur le bordage,
Voguant toujours avec le saint pèlerinage,
Déconfit, notre ami fut pris d'un doute affreux :
« Or ça, tu m'as trompé ? Fixe moi dans les yeux ;
» Le fait était-il vrai, sincère ton langage ? »
— « Certainement, mon cher, c'est ce maudit orage
» Qui fut le seul obstacle à ton débarquement ;
» Jamais sur le *Poitou*, le commandant ne ment. »
... Fut-il très convaincu ? Détail bien inutile !
Voici, mes bons lecteurs, sans chagrin et sans bile,

Comment sur le *Poitou* l'on occupait son temps ;
Aucun ne se plaignait et tous étaient contents...

Tous étaient contents, en effet, et malgré le roulis qui occasionnait bien des souffrances pour les estomacs débiles, le temps passait rapidement. Nous avions dépassé les îles Lipari, le Stromboli fumant, nous voguions entre la Sardaigne et les côtes d'Italie. Nous avions espéré passer le détroit de Bonifacio afin de voir la côte ouest de la Corse et saluer Ajaccio, mais le mistral soufflait avec force, et avec ce vent violent le passage entre les deux îles est dangereux ; le commandant tient à la vie des pèlerins : il ordonne de contourner l'île et nous revoyons Bastia. Au cap Corse, le commandant télégraphie par sémaphore que tout va bien à bord et que nous arriverons demain matin à 5 heures à Marseille.

Ce jour-là, dans la dernière réunion de la soirée, les poètes entonnent la trompette épique pour remercier l'équipage. On acclame le commandant. Ce dernier est visiblement ému. Il s'est attaché aux pèlerins. M. Iperti, Niçois de naissance, est un fier marin ; à toute occasion il a cherché à être utile aux pèlerins, et nous tenons ici à lui dire toute notre gratitude. Le capitaine en second, M. Razouls, est un homme taillé en hercule ; il est aussi aimable qu'il est grand et fort. Quant au jeune et charmant docteur du bord, toujours au chevet des malades, les encourageant avec une grande douceur, il a conquis l'affection de tous et il a droit tout particulièrement à ma vive reconnaissance.

Mais la journée s'achève, demain nous serons en France ; quelle joie ! Une des plus grandes jouissances d'un long voyage, c'est le moment du retour. Toute la nuit je ne puis dormir, je rêve au bonheur de l'arrivée ; Marseille et les épanchements fraternels ; Toulouse et le foyer paternel ; Fontenay, mon collège et mes chers élèves ; la pensée de la France et les riants bocages de ma chère Vendée me font oublier les saintes joies de la Palestine et les précieux souvenirs de l'Egypte.

Dès 3 heures du matin, je célèbre une dernière fois la sainte Messe sur la mer très agitée cependant à cause de l'approche de la côte. Un prêtre est obligé de tenir le calice et la sainte Hostie de crainte d'accident. Je prie Dieu d'accepter le divin Sacrifice en action de grâces pour l'heureuse issue de ce long pèlerinage.

Nous apercevons les côtes : ce sont les rives de la France ; bientôt, la statue dorée de la Vierge qui domine la cité de Marseille brille à nos regards, et avec plus d'enthousiasme que jamais nous entonnons le *Magnificat ;* puis on se groupe autour de Nosseigneurs les Evêques, et, sur un air bien connu on chante la romance suivante composée pour la circonstance :

TULLE ET LUXEMBOURG

« Quod Deus conjunxit, homo non separet. »

REFRAIN

Amis, tour à tour
Fêtons Tulle et Luxembourg.
Ils ont vers Sion
Tracé le brillant sillon.

Dans la ville et le bourg,
Au village au faubourg,
Tant que monde vivra,
L'histoire redira :
Tulle et Luxembourg.

Vers le Midi prolongeant son domaine,
Tulle en ces lieux parlera de Sion.
Koppès, au Nord, ta voix est souveraine,
Tu vas croiser tout le septentrion.

Nos deux Prélats partout donnant le branle
Feront surgir une élite de preux.
Qu'à leur aspect l'épiscopat s'ébranle,
Fier quelque jour de se croiser comme eux !

Dans les palais on en fera mémoire
Des troubadours ils égaieront le chant ;
Plus d'un seigneur célèbrera leur gloire,
On redira jusques au Vatican :

Pendant l'hiver, le soir, à la chaumière,
Au coin du feu, quand tous seront présents,
On entendra bonne vieille grand'mère,
Joyeuse, dire à ses petits enfants,

Seigneur Koppès, guidant notre conquête,
Nous a conduits jusqu'aux murs de Sion.
Prélat vaillant, s'il avait casque en tête,
On croirait voir Richard Cœur de Lion.

Aux deux pasteurs, d'illustres dignitaires
Se sont adjoints, sans reproche et sans peur.
Prêtres, salut ! Petits ou grands vicaires
De nos Prélats la couronne d'honneur.

Après ce chant, les deux évêques s'embrassent et un long cri d'enthousiasme s'élève sur tout le vaisseau.

Nous sommes dans le port de Marseille ; le navire aborde lentement au gré de nos désirs. C'est le moment des adieux. Adieu, mes chers compatriotes du diocèse de Luçon, compagnons de mon pèlerinage : votre souvenir restera toujours précieux à mon cœur, et quand plus tard je penserai aux saintes joies du voyage pour en remercier le Ciel, une de mes plus grandes actions de grâces sera de vous avoir eus pour guides et pour soutiens. Adieu à tous les pèlerins, au *Poitou* et aux vagues si pures et si resplendissantes de la Méditerranée.

Et maintenant, pieux lecteur qui avez eu le courage de parcourir ces trop longues pages, si vous le pouvez, n'hésitez pas à poser la croix sur votre poitrine et à vous embarquer pour la Terre Sainte. Vous trouverez dans le pèlerinage de Jérusalem des consolations et des joies ineffables. Ne craignez pas la souffrance et la fatigue, parce qu'en retour vous trouverez mille charmes qui font le bonheur.

Mgr de Luxembourg, avant de s'embarquer sur le *Poitou*, avait été visiter l'illustre captif du Vatican, et Sa Grandeur avait fait part à Léon XIII de son projet de visiter la Terre Sainte avec le pèlerinage français. Alors le Saint-Père avait prié l'évêque de bénir les pèlerins et de leur dire que, d'après Lui, le chemin de Jérusalem était la route du ciel, et que ceux qui faisaient ce pieux pèlerinage semblaient assurer leur salut.

Consolante parole que Mgr Koppès nous a répétée fidèlement et qu'en terminant ces pages nous aimons à redire à tous. Oui, le chemin de Jérusalem est la route du ciel. En avant donc vers les champs de Sion ! La France catholique a toujours été la première à partir lorsqu'il s'est agi de se rendre en Terre Sainte. Aujourd'hui, il faut sauver la France par la prière, il faut reconquérir les Lieux Saints par l'influence morale et par les pèlerinages. En avant ! Pour Dieu et pour la France !

A. M. D. G.

TABLE DES MATIÈRES

—

TABLE DES IMAGES ET DES PLANS

Fontenay-le-Comte. — Imprimerie L.-P. Gouraud.